论语中的大智慧

国学品悟大讲堂

GUOXUE PINWU DAJIANGTANG

古为今用，一套对中国学生真正有用的人生讲义

总策划／邢涛
主　编／龚勋

让青少年受益一生的心灵鸡汤

汕头大学出版社

推荐序

品读经典，受益一生

还原国学真实面貌，与千年智者对话。

- 今天的人们在近百年内所接受的新事物比过去上千年积累的全部还要多，信息的更新速度已经超过了人们的学习速度。一些新知识、新思想还来不及仔细看上一眼就已经开始衰败，迅速成为历史的尘埃。

- 然而，那些在中国历史上辉煌过的传统文化却成为中华民族悠久文明的见证，成为民族的印记和符号。怎样让今天的孩子在这个一日千里、瞬息万变的信息时代里继承我们民族文化璀璨夺目的精华部分呢？这是留给今天的教育工作者的重大课题，也是本套丛书的初衷。

- 首先，不了解中华古典文化，尤其是不掌握其中的精华，将无从体会中华上下五千年一脉相承的精深大义。其次，《论语》《孟子》《庄子》《史记》《资治通鉴》《孙子兵法》《三十六计》，都是经典中的经典，每一部都能撑起一片广阔的文化天空。而在讲述方式上，娓娓道来的"品读"拂去了学术的长袍，回归经典本身，还原一个个真实亲切的智者，找寻亘古不变的真理，阅读变成一场与智慧大师的心灵对话。

- 就让这些映照过繁华盛世的民族文化穿越千年时空，带给当今青少年受益终身的人生智慧。这就是国学的力量。

青少年发展基金会　林春雷

审定序

古为今用，学以致用

最经典的原著精粹，最贴心的心灵辅导。

- 中华国学源远流长，千年文明积淀了"诸子百家"的思想精粹，成就了"经史子集"的文化大观，孕育了具有独特魅力的民族气质。这是我们中华子孙所能继承的最为珍贵的文化遗产。共享祖先的智慧结晶，研读中华传统国学精华，品悟经世流传的至上真理，含英咀华，对现代人尤其是青少年学生来说称得上一次精神的洗礼。

- 在成书过程中，编撰者在精读原典的基础上，将每部著作按照内容重点重新划分篇章，为青少年朋友提取最经典的原著精粹，奉献最精辟的解说注脚，提供最直接的生活指引，给予最贴心的心灵辅导。书中妙语如珠，处处闪现古圣先贤的大智大慧，结合现代人的生存现状，更有睿智独到的见解让人心生感慨，如沐化雨春风。读一段《论语》，领略"万世师表"诲人不倦；念一念《孟子》，体会一代亚圣的微言大义；诵一番《庄子》，品味千年圣者的才智思辨；品一出《孙子兵法》，喟叹兵家决胜千里的气度与韬略……

- 这套国学品悟大讲堂系列，一方面提高学生对国学经典的兴趣，了解中华优秀传统文化，更重要的是从中体会为人处世的道理和哲学，古为今用，学以致用，为自己积淀成功的人生。

国家一级语文教师 董 平

[学而时习之，不亦说乎？]
···【论语·学而】···

前言

品读《论语》，感悟人生

领略万世圣贤风范，品读千年大智大慧。

- 《论语》是孔子的弟子及再传弟子编纂的一部主要记载孔子言行的儒家经典。书中的"主角"孔子，名丘，字仲尼，春秋时鲁国陬邑（今山东曲阜）人。他是儒家学派的创始人，也是中国伟大的思想家、政治家和教育家，被公认为"万世师表"。

- 为了帮助学生更好地品读《论语》中的思想精华，我们编写了《〈论语〉中的大智慧》这本书。本书分为三大部分，即"为人篇""处世篇"和"治学篇"。"为人篇"收集了《论语》中的儒家为人之道，"处世篇"遴选了《论语》中的儒家处世之法，"治学篇"萃取了《论语》中的儒家治学精要。这些儒家思想，至今仍焕发着思想魅力，具有积极的现实指导作用。对原文的经典选段，我们不仅进行了简明的白话翻译，还分别设置了"名师讲谈""闲话人生""心灵捕手"等栏目进行现代解读，帮助今天的学生读者轻松品味经典的魅力。

- 让我们在阅读经典、感受经典、习用经典的过程中，不断丰富和提升我们的人生内涵吧！

目录

为人篇 | 001~050

儒家先贤的为人之道，影响了中国人的人文气质，积淀了深厚的文化底蕴，是中华民族悠久而宝贵的精神财富。

002　孝弟也者，其为仁之本与
　　　爱的链条

005　行有余力，则以学文
　　　德行的力量

008　慎终追远，民德归厚矣
　　　奉上感恩的心

011　为政以德
　　　生活中的"以德服人"

014　吾十有五而志于学
　　　从容应对人生各阶段

017　见义不为，无勇也
　　　保护自己，战胜敌人

020　举直错诸枉，则民服
　　　做正直的人

023　朝闻道，夕死可矣
　　　为你的生命增值

026　君子喻于义，小人喻于利
　　　私利和公义的"游戏规则"

029 贤哉，回也
　　 快乐和悲伤只隔一堵墙

032 文质彬彬，然后君子
　　 让美丽更动人

035 不义而富且贵，于我如浮云
　　 莫让财富成为负累

038 民无信不立
　　 "信"是可贵的财富

042 君君，臣臣，父父，子子
　　 做好分内的事

045 其身正，不令而行
　　 正人先正己

048 无求生以害仁，有杀身以成仁
　　 为有勇气追求理想的人喝彩

处世篇 051~104

《论语》在宣扬儒家思想的同时，体现了儒家的处世之道。这些处世之道，能够教你处理好人际关系。

052 吾日三省吾身
　　 自省帮你提升"高度"

056 不患人之不己知，患不知人也
　　 学会反思自我

059 听其言而观其行
　　 行动比言语更有说服力

062 己欲立而立人，己欲达而达人
　　 将心比心，达己达人

065 子不语怪、力、乱、神
　　 多做些实际的事业

068　知者不惑，仁者不忧，勇者不惧
　　　仁者必智

071　克己复礼为仁
　　　讲礼，也要讲理

074　举直错诸枉，能使枉者直
　　　有容乃大

077　君子求诸己，小人求诸人
　　　多"求诸己"，少"求诸人"

080　己所不欲，勿施于人
　　　善待别人就是善待自己

084　君子有九思
　　　学会"倾听"

087　子张问仁于孔子
　　　待人不妨"微软"一点

090　好仁不好学，其蔽也愚
　　　仁义要有价值

093 君使臣以礼，臣事君以忠
　　同心山成玉，协力土变金

096 不在其位，不谋其政
　　准确定位人生

099 大德不逾闲，小德出入可也
　　难得糊涂

102 后生可畏
　　经验不等于智慧

治学篇 | 105~149

《论语》中比较全面地记载了孔子重要的教育观点，许多观点至今仍具有积极的现实指导作用。

106 学而时习之，不亦说乎
　　学习是真正的快乐

109 学而不思则罔，思而不学则殆
　　思维是地球上最美的花

112 知之为知之，不知为不知
　　"不知"是求知的阶梯

115 知之者不如好之者，好之者不如乐之者
　　兴趣是最好的老师

118 敏而好学，不耻下问
　　不学不成，不问不知

121 学而不厌，诲人不倦
以求生的欲望去求学

124 温故而知新
不要被"熟悉"欺骗

127 举一隅不以三隅反，则不复也
学习切忌"学舌"

130 三人行，必有我师焉
人们都喜欢谦虚的人

133 毋意，毋必，毋固，毋我
学会超越自我

137 未成一篑，止，吾止也
学贵有恒

140 当仁不让于师
积极是最可靠的人生态度

143 生而知之者，上也
条条大路通罗马

147 仕而优则学，学而优则仕
腹有诗书气自华

为人篇

领悟儒家先贤的为人之道，走好人生的每一步……

- 《论语》既是一本儒家经典，也是一本教我们如何做人的德育教材。在书中，处处闪耀着道德和理性的光辉：仁、义、孝、勇、君子之道……

- 《论语》告诉我们孝道的重要，"孝弟也者，其为仁之本与"；《论语》告诉我们，做"志士仁人"就要有"成仁"的巨大勇气；《论语》告诉我们如何做一个君子，"文质彬彬，然后君子"，"君子喻于义"；《论语》告诉我们，一个人要保持自己的清白本色，不受金钱和物欲的诱惑，即"不义而富且贵，于我如浮云"……这些朴素的思想，影响了中国人的人文气质，积淀了深厚的文化底蕴，是中华民族悠久而宝贵的精神财富。

- 本篇精心撷取了《论语》中教人如何做人的经典选段，并附以通俗易懂、深入浅出的品读。只要你用心领悟儒家先贤的为人之道并力行之，你的人生之路定然会豁然开朗。

孝弟也者，其为仁之本与

[原文]……

有子曰："其为人也孝弟，而好犯上者，鲜矣；不好犯上，而好作乱者，未之有也。君子务本，本立而道生。孝弟也者，其为仁之本与！"选自《论语·学而》

孔子的弟子有子说："为人孝顺父母、敬爱兄长，却喜欢冒犯长辈和上司，这种人是极少的；不喜欢冒犯长辈和上司，却喜欢造反作乱的人，是从来没有的。君子要专心致力于根本的事情，因为根本的事情树立了，道也就由此产生了。孝顺父母、敬爱兄长，这就是仁的根本吧！"这一段话是说，孝顺父母、敬爱兄长是实行"仁"的根本。这段话的意思与《大学》中"修身、齐家、治国、平天下"的思想是一脉相通的。

[名师讲谈]……

孔子的弟子有子认为："孝弟"（孝顺父母、尊敬兄长）是实行"仁"的根本，人人都"孝弟"，天下就没有人犯上作乱了。

战国时期的孟子对"孝弟"的阐释进一步发扬光大。孟子在见梁惠王时曾说过："老吾老以及人之老，幼吾幼以及人之幼。天下可运于掌。"（尊敬自己的父母、爱护自己的儿女，并由此推广到尊敬别人的父母、爱护别人的儿女。如此一来，天下大治也不在话下。）简单讲，就是：只有爱自己的亲人，才能更好地爱别人。这里隐含的逻辑是：孝顺的人必定有一颗爱心，有爱心的人必定不会妨害别人，更不会去危害社会。在儒家看来，孝绝不仅仅是个人问题和家庭问题，还是关系到社会安定有序的大问题。因而如今倡导孝道，仍有其积极意义。

但另一方面，"弟"（即悌，尊敬兄长）的观念在如今似乎被忽略了。因为长兄继承制随着封建宗法观念的瓦解而破灭，如今已经荡然无存了。而且，随着"独生子女"政策的实行，很多家庭已经无所谓兄弟姊妹了。我们不妨把"弟"适用于人与人之间，使"弟"惠及大众。

[**闲话人生**]……

一把雨伞　5岁的艾艾和爸爸、妈妈、哥哥一起到森林干活，突然下起雨来，可是他们只带了一把雨伞。于是，爸爸把雨伞给了妈妈，妈妈又给了哥哥，最后哥哥又给了艾艾。艾艾问爸爸："为什么爸爸把雨伞给了妈妈，妈妈又给了哥哥，哥哥又给了我呢？"爸爸回答："因为爸爸比妈妈强壮，妈妈比哥哥强壮，哥哥又比你强壮呀。我们都会保护比较弱小的人。"艾艾向四周看了看，把雨伞撑开，盖在了在风雨中飘摇的一朵娇弱的小花上。

[心灵捕手]……

爱的链条

爸爸爱妈妈，妈妈爱哥哥，哥哥爱弟弟（艾艾），这真是一条爱的传递链条啊——每个人都悉心照顾比自己弱小的人。最后，爱传递到了艾艾身上，可贵的是小艾艾并没有独享这份爱，而是把这份爱施与了弱小的花朵。读到这里，每个人都会怦然心动，因为人们看到了仁爱的光辉。一个5岁小孩的心里，已经深深扎下了仁爱的种子。

有子认为，孝悌是仁之本。这实际是说，孝悌就是每个人心中的仁爱种子。什么叫"孝"，什么叫"悌"？"孝"就是对待父母长辈能够尽心尽力，"悌"就是对待兄弟姐妹能够关心爱护。总之，孝悌就是一个人最基本的修养。

用孝悌的标准要求自己，就是培植仁的根本。把这种精神推而广之，博爱众人，仁爱的种子就会播撒到世界的每个角落，遍地开花结果，代代传承。其实，我们每个人都是爱的链条上不可缺少的一部分，都是仁爱的受益者和施与者。作为受益者，我们感受着来自父母尊长、兄弟姐妹、亲戚朋友，乃至陌生人的关爱，感动于人间的脉脉温情。那么，作为施与者，我们该如何让爱的链条在我们手中传递下去呢？不妨从孝敬父母、友爱兄长做起，从关爱身边的人做起。

行有余力，则以学文

[原文]……

子曰："弟子入则孝，出则弟，谨而信，泛爱众，而亲仁。行有余力，则以学文。"

选自《论语·学而》

孔子说："弟子在家就要孝顺父母，离开自己的房间就要敬爱兄长，言行要谨慎、讲诚信，要博爱众人，亲近有仁德的人。这样实践之后还有余力的话，就再去学习诗书六艺之文。"这段话表明，孔子看重培养学生的德行（孝悌、谨信、爱众、亲仁），而把学习其他东西摆在第二位。

[名师讲谈]……

孔子要求弟子们首先要致力于孝悌、谨信、爱众、亲仁，如果还有闲暇和余力，就学习诗书六艺之文。这一套教育观念是由己及人、层层递进的，即先对亲人孝悌，再对朋友谨信，最后博爱众人、亲近贤人；从上下句来看，先倡导修养德行再学习文化，又可谓固本强枝，丝毫不乱。

这段经典话语被清朝学者李毓秀进一步阐发充实，成为《弟子规》一书。《弟子规》的首段就是这样的："弟子规，圣人训。首孝悌，次谨信。泛爱众，而亲仁。有余力，则学文。"《弟子规》这本书在当时乃至现在，一直是启蒙教育的重要读本，可见《论语》这一教育理念的影响有多么深远。

另外，从这段话前后两句的关系中我们不难看出，孔子推行的教育是以道德教育为中心，重在培养学生的德行修养，即把培养学生的道德观念放在第一位，而把文化学习放在第二位。这一教育理念，对后世影响很大。在现代社会中，把"德"排在"识"的前面，也已经成为教育界的共识。我们常说的"德、智、体、美、劳"全面发展，"德"就排在首位。一个艺术家，不但才艺好，而且品德高尚，我们称赞他"德艺双馨"，也是把"德"排在前面的。而一个人，即使再有才华，再有权有势，如果品德败坏，也一样被人瞧不起。南宋的奸臣秦桧本是状元出身，贵为丞相，可他陷害忠臣岳飞、卖国求荣，终遭后世唾骂。高尚的德行净化内心，愉悦他人，"厚德载物"是人生的大境界。

[闲话人生] ……

福特捡废纸 美国有个大学生毕业后到一家汽车公司应聘，一同应聘的几个人的学历都比他高。他是最后一个被叫到董事长办公室的。当他走进董事长办公室时，偶然发现门口地上有一张废纸，就很自然地弯腰把废纸捡了起来，顺手扔进了垃圾篓。董事长把这一切看得一清二楚。

这个大学生刚做完自我介绍，董事长就满意地说："很好，你已经被我们录用了。"

这个大学生就是后来名满天下的美国汽车大王——福特。

[心灵捕手]……

德行的力量

　　福特被录用这件事看上去很偶然，实际上却是必然的，因为他的下意识捡废纸的行为正体现了他的一种朴素的品德。董事长最为欣赏福特这一点，认为他一定能有大作为，才给了他工作机会。而福特后来的辉煌成就也证实了这一点。

　　现在，有些年轻人正像故事中那几个高学历的应聘者一样，只看重实际的利益，却忽略了德行的重要性，因而错失许多机会。其实，德行有时恰恰就是他们打开机会大门的钥匙。即使获得令人羡艳的机会，如果就此将德行闲置一旁，也就是丢弃了迈向成功的绿色通行证。

　　良好的德行至关重要，它不仅能使个人获得愉悦的体验，还能使人获得社会的认可，确立自己的社会地位。

　　而德行的培养也不是说说算了，或是读几本书就能够修养到家，它需要在一言一行的实践中逐渐培养，在实践中发挥它的力量。

慎终追远，民德归厚矣

[原文]……

曾子曰："慎终追远，民德归厚矣。" 选自《论语·学而》

　　曾子说："谨慎地对待父母的丧礼，祭奠追念远代的祖先，这样做就会使社会道德风尚日渐淳厚了。"曾子重视孝的道德观念，认为推崇祭奠之礼有助于纯洁净化社会风气。

[名师讲谈]……

　　儒家是不怎么相信鬼神的，对鬼神的有无存而不论，孔子就主张"不语怪、力、乱、神"，还说过"敬鬼神而远之"之类的话。可儒家是讲"礼"的，而且非常重视丧祭之礼。这不是很矛盾吗？不是的。在儒家眼中，丧祭之礼就是孝道的延续和象征。孔子的弟子曾子认为，通过祭祀之礼可以寄托个人对父母和先祖尽孝的情感，推而广之，社会风尚也会因之淳厚起来。

　　俗话说：无祭不成礼，无礼不成中国。说到丧祭之礼，不由得让人想到了清明节。古往今来，清明节就是人们"慎终追远"的日子。2008年，清明节第一次被列为中国的法定假日，成为传统文化回归的标志之一。在这个特殊的日子里，有多少游子返回家乡，有多少海外赤子回归祖国！人们用自己真诚的感恩之心祭奠列祖先人，缅怀烈士英雄，表达自己悠远而沉重的情思。人们通过这一传统节日，在逐渐找回断裂的亲情，找回共同的华夏。因此，清明节已经成为增强民族认同感、传承民族文化生命、强化民族凝聚力的无形载体。

可以说，"慎终追远"不单是对祖辈的追思，更是要求人们对于传统道德传承采取谨慎的态度，对于传统文化的维护保持高度的责任感。我们需要学会辨识传统文化的精华和糟粕，对于那些有益于社会发展的、积极向上的部分应该传承和发扬，对于那些落后的、腐朽的部分应该毫不留情地摒弃。而"慎终追远"带来的影响，就是"民德归厚"。因为，如果每个人都能够以恭谨的态度做人做事，社会风气就会淳厚朴素，平等、互助、协调的和谐社会就会建立起来。近年来"《论语》热"的兴起和清明节的热议，诸如此类中华传统文化的复兴，给我们提供了这样一个学习的契机。只要你认真地体味，就会从中感受到那意蕴悠远而厚重的民族文化情感。

[闲话人生]……

负气出走的小女孩 一个小女孩与母亲吵架后负气出走。她走了很远，来到一个馄饨摊前。摆摊的是一位慈祥的老婆婆。小女孩感到很饿，一摸口袋却身无分文。老婆婆看出了小女孩的心思，便请她吃了一碗馄饨。小女孩一边吃馄饨，一边哭着说："你不认识我，却待我这么好，煮馄饨给我吃；我妈妈却骂我这不好那不好……"老婆婆听了，很平静地说："孩子，我只不过煮了一碗馄饨给你吃，你就这么感激我；而你妈妈煮了十多年的饭给你吃，你怎么不感激她呢？"小女孩顿时明白了，她匆匆吃完馄饨，朝家的方向跑去。

这时，一个疲惫不堪的母亲正在路口焦急地张望她的女儿……

[心灵捕手]……

奉上感恩的心

　　有时候，人们会对别人给予的小恩小惠感激不尽，却对父母一辈子的恩情熟视无睹。其实，父母对儿女的感情是最无私的，所以每个人都应该学会感恩，尽自己的能力孝敬父母。

　　除了父母双亲，我们每个人需要感恩的对象还有很多。

　　感恩是发自心灵的美好情感和行为，它是对世间所有人、所有事物给予我们的帮助表示感激，铭记在心，认同并回报社会给予我们的恩赐。

　　感恩是生活中的大智慧，它是对于世间所有不平事所持有的一种豁达心态，乐观地面对生活。

　　感恩是生命美好的基础，它是灌溉生命之树的绝佳养料、谱写生命乐章的动人音符，成就一切美好。

　　当人人都胸怀感恩之心，懂得善待他人，回馈社会，"民德归厚"就不会只停留在道德理念的层面，而真正的和谐社会离我们也就更近了。

为政以德

[原文]……

子曰:"为政以德,譬如北辰,居其所而众星共之。" 选自《论语·为政》

孔子说:"国君以道德教化来治理政事,就会像北极星那样,自己居于一定的方位,而群星都会环绕在它的周围。"孔子主张以道德教化作为治国的原则,这段话代表了孔子的"为政以德"的思想。

[名师讲谈]……

近些年,"以德治国"的提法在新闻媒体上为人们津津乐道。其实,德治正是中国儒家文化所极力倡导的治国理念。《论语·为政》在第一章就提出"为政以德"的思想,堪称儒家德治的总纲。在《论语》的其他篇目中,孔子也曾多次谈到执政者品德的重要性。

一次,鲁国的执政大臣季康子曾向孔子求教从政治国之道。孔子的回答很简单:"政者,正也。子率以正,孰敢不正?"(《论语·颜渊》)意思是:"政"这个字的意思就是端正,您带头端正了,谁还敢不端正呢?确实,在争取民众支持的道德劝化方面,当政者的人格力量比权力本身更有魅力。

战国的儒家孟子把德治推到了极致——仁政。孟子周游列国力劝统治者施行仁政，还说如果能"以不忍人之心，行不忍人之政"，那么"治天下可运之掌上"。这就是说，一个人如果把仁政作为执政的基本理念，治理天下就会成为一件非常简单而轻松的事情。这是孟子所想象出的天下大治的理想状态。

在治国上，儒家特别强调道德的作用，但也绝不排斥法治的作用。除了"为政以德"，孔子还认为从事政治要"宽猛相济"。"宽以济猛，猛以济宽，政是以和。"（《左传·昭公二十年》）也就是说，孔子只是倾向于以德治为主而以法治为辅罢了。由此可见，德治和法治这两种治国方略，就好像人的两只脚，哪一只都不可偏废。

在两千多年前，孔子能够提出德政的理念是很了不起的。这种理念提醒统治者注重本身的德行，并且尊重民意，指明治国的关键是把重点放在争取民众上。可以说，德治思想也部分符合了民本思想。仅这一点，对当今世界政坛也是有深远借鉴意义的。

[**闲话人生**]……

就这样吗　　白隐禅师所居住的禅寺附近有一户人家的女孩未婚怀孕了。女孩的父母大为愤怒，一定要女孩说出那位"肇事者"，女孩无奈就用手指了指寺院，然后说："这个孩子是白隐的。"女孩的父母跑到禅寺找到白隐，又哭又闹。白隐明白了怎么一回事后，没有做任何的辩解，只是淡然地对女孩和她的父母说："就这样吗？"

孩子生下后，女孩的母亲又当着寺院所有僧人的面把孩子送给白隐，要他抚养。白隐接过婴儿，开始了照顾抚养的生活。他每天抱着婴儿到村里乞食，总是受到村民的戏弄、辱骂，但是他总是默不作声地承受这些羞辱。几年过后，那位女孩忍受不住内心的煎熬，说出了真相，向禅师忏悔、赎罪。白隐仍然平静地说："就这样吗？"

[心灵捕手]……

生活中的"以德服人"

德既是一种坦诚的态度，也是一种宽容的胸怀。宽容，使人拥有一个博大的心理空间，从而懂得尊重他人，体谅他人，减少彼此的碰撞和摩擦，化解矛盾。故事中，白隐禅师面对女孩的"诬陷"和世人的羞辱，没有辩白，而是以一颗宽容仁爱的心，谅解了女孩，毫无怨言地照顾女孩的孩子。女孩被这种善行所感化，最终道出事实真相，还白隐禅师清白。白隐禅师的事例便是以德服人的一个典范。

其实，以德服人的理念，适用于我们的日常人际交往。特别是在发生一些小矛盾、小纠纷的时候，当事双方如果都能让一步，将心比心，推己及人，事情没准就会很快解决了。如何去以德服人呢？《菜根谭》中的一句话便能给我们提供借鉴，"遇欺诈之人，以诚心感动之；遇暴戾之人，以和气熏蒸之；遇倾邪私曲之人，以名义气节激砺之"。凡此种种德行，都会在无形中予他人一片阳光。试想一下，在一个阳光灿烂的氛围里，还有什么样的事情不好协商，还有什么样的问题不好解决呢？

吾十有五而志于学

[原文]……

子曰："吾十有五而志于学，三十而立，四十而不惑，五十而知天命，六十而耳顺，七十而从心所欲，不逾矩。"选自《论语·为政》

孔子说："我15岁，立志于求学；30岁，能够自立；40岁，能够不被外界事物所迷惑；50岁，便懂得了天命；60岁，能够理智对待各种言论，分辨真假，判明是非；70岁，能够做到随心所欲却不会越出规矩。"在这一段话里，孔子自述了他学习和修养的完整过程。这是一个随着年龄的增长，思想境界逐步提升的过程。

[名师讲谈]……

这一段非常有名，后世对年龄阶段的很多简称都来源于此，如：用而立之年、不惑之年、天命之年、耳顺之年，分别代指30岁、40岁、50岁、60岁。

"吾十有五而志于学"，15岁在古代叫"成童"，孔子在这个时候就有志于做学问了。春秋时期的学问当然和现在的不同，基本上是"六艺"——礼（礼节）、乐（音乐）、射（射箭）、御（驾车）、书（书法）、数（算术）。"三十而立"，是指孔子已经学有所成，以知礼而闻名诸侯。"四十而不惑"，指孔子开始周游列国想步入政途,这期间他虽然处处碰壁,但也积累了丰富的人生阅历,对许多事情都不迷惑了。"五十而知天命",指孔子知从政无望,就一心治学授徒,自认为"天命所归"就是教书育人。"六十而耳顺",是说孔子在60岁左右对世间的各种毁誉都能够做到置之度外,心不为外物所动。"七十而从心所欲,不逾矩",这时的孔子已经回到了鲁国,对万事都已看开,能够顺应自己的心灵过自己的日子,但处处合乎规矩礼法,这是道德修养的最高境界。

由上可知,孔子的道德修养是经过长期的学习和历练、循序渐进才完成的。孔子的人生经历启示我们,人生会经历许多挫折,但人正是在挫折中成长、成熟的,在不同阶段会收获不同的人生智慧,进入不同的人生境界。

[**闲话人生**] ……

酋长的"六字真言" 一个年轻人离开部落去闯世界,他的第一站就是去拜访部落的酋长,希望得到人生经验的指点。酋长随手在纸上写出了三个大字:"不要怕。"接着,酋长解释说:"人生的秘诀只有六个字,今天先告诉你三个字,够你受用半生了。"20年后,这个年轻人已是中年,他有了一些成就,也添了很多伤心事。回到家乡,他又去拜访那位酋长。可是,酋长在几年前就去世了。酋长的家人取出一个密封的封套,交给这位还乡的游子。游子拆开封套,见里面赫然又写着三个大字:"不要悔。"

人生在世,中年以前不要怕,因为最大的错误是不敢犯错误;中年以后不要悔,因为最大的遗憾是没有遗憾。

[心灵捕手]……

从容应对人生各阶段

上面的小故事告诉我们:中年以前不要怕,中年以后不要悔。推而广之,我们每个人要针对不同的人生阶段,及时调整自己的心理,理性对待世事:当进则进,当退则退,既要拿得起,也要放得下。

有位作家把人生分为四个阶段,巧妙地用不同的文学体裁来比喻:少年时期充满幻想,像童话;青年时期充满激情,像诗歌;中年时期充满波折,像小说;老年时期充满感悟,像散文。每个年轻人都可以从中体味出一定的人生况味吧!

人生好比一条长河,每个人都是自己的撑船舵手。行船到哪一段,就做好哪一段的事吧!不要惧怕风浪和礁石,因为那是沿途必经的风景,正是因为它们的存在,人生的行程才异彩纷呈。

见义不为，无勇也

[原文]……

子曰："见义不为，无勇也。" 选自《论语·为政》

孔子说："看到合乎道义应该挺身而出的事情，却袖手旁观，这就是没有勇气。"在这里，孔子提出了"义"和"勇"的概念，认为"勇"只有和"义"结合起来才是真正的"勇"。

[名师讲谈]……

中国人常说的"见义勇为"这句成语，就是从这段话来的。其中的"义"是指应该遵行的道德原则，也有人把"义"解释为"宜"，即该做的事。那么什么叫该做，什么叫不该做？在儒家看来，应该以是否符合道义为衡量标准。所以，这里采用第一种解释。

在这里，孔子认为，"勇"就是见到合乎道义的事就坚决去做。孔子还说过："君子有勇而无义为乱，小人有勇而无义为盗。"（《论语·阳货》）这句话是说，如果离开了"义"，"勇"就会成为违法乱纪的因素。干坏事，敢拼命，那是强盗之类的好勇斗狠，不是真正的"勇"，而是作乱。真正的"勇"是要坚持道义的，这既是儒家也是中国传统文化对"勇"的基本认识。

在看到恶人为非作歹或好人落难无助的时候，人们就会面临做与不做的选择。有些人把道义放在一旁，考虑的只是自己的利益：这件事对我也没有好处，况且自己可能有危险，甚至被别人误解，还是别做吧！而《论语》这一段，就给这些人上了很好的一课：只要是为了维护"义"，就应该去做。

那么，如何去实现"勇"呢？孔子的观点是，不赞成盲目地去拼命、冒险。孔子说："暴虎冯河，死而无悔者，吾不与也。必也临事而惧，好谋而成者也。"（《论语·述而》）他主张：不与那种只会挥拳打猛虎、赤脚蹚河流，死了也不悔悟的莽夫共事，而是欣赏谨慎行事、善于谋划而能成功的人。所以，"勇"和"智"也是密不可分的。特别是对于青少年，在"见义勇为"的时候，更要多动脑子，学会自我保护，争取"见义智为"。其实，要做到真正的勇敢很不容易，因为既要为了坚持道义而无所畏惧，同时又要临事谨慎、认真谋划，才能把事情做到善之又善。

[闲话人生]……

小狮猫斗巨鼠　　明朝皇宫中有一只跟猫一样大的巨鼠，到处为非作歹。宫里的人找遍了天下的名猫去捉它，可这些猫见了巨鼠，不是被吓得不敢上前，就是被巨鼠吃掉了。

后来外国进贡来一只小狮猫，据说是捕鼠能手，宫里的人就把这只小狮猫放进了巨鼠经常出没的房间里。不一会儿，巨鼠从洞里出来了，它见小狮猫的身体没有自己大，就猛扑了上去。小狮猫立刻跳到桌子上，巨鼠又追到桌子上；小狮猫只得跳下桌子，巨鼠也随着跳下桌子。总之，小狮猫只是跳来跳去兜圈子，躲避巨鼠的狠命追赶。起初，人们都以为这只小狮猫没什么本事，大概被巨鼠吓破了胆。但几个回合后，巨鼠累得直喘粗气，动作慢了下来。就在这时，小狮猫向巨鼠展开了猛扑。经过一阵激烈的搏斗，小狮猫终于把巨鼠咬死了。这时人们才知道，小狮猫躲避巨鼠并不是胆小，而是以逸待劳，从而一击制胜。

[心灵捕手]……

保护自己，战胜敌人

小狮猫采取的策略就是：敌追我跑，敌疲我打，避实击虚，最后致敌人于死地。要知道在实力不如人的时候，单靠死打硬拼，只能使自己落入失败的境地。虽然说输赢取决于实力，但更取决于智慧和勇气。所谓"保护自己，战胜敌人"，才是取胜的关键。

"保护自己，战胜敌人"，也可以作为青少年"见义勇为"的首要原则。因为在恶势力面前青少年还显得很弱小，所以不到万不得已不要硬拼，我们强调的是要智取。例如，发现门锁被撬，有盗贼潜入家中，我们首先想到的应该是拨打110电话报警，而不是冲进门与其硬拼。再如，我们遇到劫匪时，千万不可与之硬拼，而要记住其体貌特征、使用的车辆型号、牌照等，事后提供给警方以利破案，这样的做法其实也是"见义勇为"。"见义勇为"是为了惩恶扬善，但也要把"勇为"的风险降到最低。

举直错诸枉，则民服

[原文]……

哀公问曰："何为则民服？"孔子对曰："举直错诸枉，则民服；举枉错诸直，则民不服。" 选自《论语·为政》

鲁哀公问："怎样做才能使老百姓心服呢？"孔子回答："把正直的人提拔起来，把邪恶的人置于一旁，老百姓就心服了；把邪恶的人提拔起来，把正直的人置于一旁，老百姓就不会心服。"在选用人才的问题上，孔子主张荐举贤才、选贤用能，这是孔子德治思想的重要组成部分。

[名师讲谈]……

在这里，孔子讲的是执政者选用人才的标准问题。执政者要想得到老百姓的信任，最主要的就是选用正直的官吏，因为所有法令都是靠各级官吏实施推行的。孔子深明此理，故而把官吏分为两种：正直的君子和奸邪的小人。统治者任用正直的君子，疏远奸邪的小人，就会形成清明的政治氛围，反之就会造成黑暗的政治局面。国家政治清明了，老百姓才能安居乐业，才能对统治者的法令信服；反之，就会导致民怨四起，国家动乱。

孔子的这些话，是针对一定时代背景说的。在当时，选拔官吏一般在贵族内部实施，注重门阀、唯亲是举是官场上的通例，与在任官吏非亲非故的人即使再有才干，也不会被任用。孔子在鲁哀公面前提出"举直错枉"的用人思想，这对当时的门阀制度有一定的冲击，体现了儒家在政治思想上的时代进步性。

后世儒家对任贤使能的思想也各有阐扬。孟子说："徒善不足以为政，徒法不能以自行……惟仁者宜在高位。"（《孟子·离娄上》）荀子也说："法不能独立……得其人则存，失其人则亡。"（《荀子·君道》）这就是说，治国不但需要完善的法律，更需要正直的官吏。没有正直的官吏来执法，再好的法律也无法推行，更不用说使百姓遵守法律了。历代名臣在谈到治国方略时，也都把任人唯贤放在极其重要的地位。蜀汉的诸葛亮对后主刘禅说过一句精辟的话："亲贤臣，远小人，此先汉所以兴隆也；亲小人，远贤臣，此后汉所以倾颓也。"（《前出师表》）这句警示名言，把是否任用贤才提高到关乎国家兴亡的政治高度。当然，这种贤人治国论过分夸大了贤人的作用，但儒家主张贤德之人执法并争取民众的做法，在今天仍具有指导意义。

[闲话人生]……

心脏移植给谁　　总统的高级顾问弗尼斯先生因患心脏病住院。弗尼斯62岁，最多只能活五个月，他迫切需要进行心脏移植手术。白宫方面特别关注此事。美国心脏移植专家麦克拉斯博士阅读了弗尼斯的病历，发现他和新来的年轻病人坎贝尔身材相当、血型也相同，而坎贝尔最多能活四个月。

三个月后的一天，有可捐献的心脏了。捐献者的身材和弗尼斯与坎贝尔相仿，血型相同。院长和白宫都希望麦克拉斯将心脏移植给弗尼斯。麦克拉斯陷入沉思,他反复翻阅放在他面前的两份病历,谁先做?弗尼斯还是坎贝尔?他知道如果救活弗尼斯,那会给他们这个医院、他本人带来巨大的好处,但弗尼斯并不符合心脏移植手术的要求,如果给他移植,最多也只能活一年半载,而另一个可以靠这颗心脏多活10年、20年的年轻人就必须死去。最后,麦克拉斯对院长说:"我们已对弗尼斯进行了最好的治疗,可惜他的身体状况并没达到手术的要求。我是一名医生,不是一名政治家,对任何病人我一视同仁,不管他的身份的高低。现在,我的职责就是让极其宝贵的心脏能在病人体内最好地发挥作用,让他们活得更长,所以我选择坎贝尔。"

一个月后,弗尼斯死了,引起社会的轰动,医院董事会迅速做出了解雇麦克拉斯的决定。麦克拉斯早就料到会有这样的结局,但他对自己的决定并不后悔。

[心灵捕手]……

做正直的人

正直是为人的一种准则和美德。故事中,麦克拉斯尽管失去了一切,但他始终坚持住了自己生活和行医的准则:公正和良心。

正直的人往往实事求是地看问题,顶住环境压力的影响,勇于发表自己的见解,坚持事实和真理。正直的人永远拥有磊落的胸怀。孔子说过:"君子坦荡荡,小人常戚戚。"正直的人做任何事情都会泰然自若,面对任何困难也无所畏惧,能够承受风吹浪打的考验。正直的人永远也不会孤独。因为正直的人具有强大的人格魅力,就像磁石吸铁一样,能够获得人们的广泛信任和支持。

朝闻道，夕死可矣

[原文]……

子曰："朝闻道，夕死可矣。"选自《论语·里仁》

孔子说："早晨得知真理，就是当天晚上死了也可以。"这句话表明了孔子对"道"执著追求的可贵精神。

[名师讲谈]……

在《论语》中，"道"这个字大约出现了一百次。可见，"道"是孔子一贯追求的理念。由于孔子没有对"道"下定义，所以不同的人，对"道"的理解也各有不同。

孔子这段话常被人提起，特别是用在教育人改过自新上。晋朝有个年轻人叫周处，为人蛮横强悍，与当地的蛟龙和猛虎被百姓合称为"三害"。有个当地人想使"三害"相互残杀、同归于尽，便劝说周处去杀死猛虎和蛟龙。几天后，周处果然杀死猛虎和蛟龙，回到了乡里。当他看到家乡人以为自己死了，正在互相庆贺，才知道自己被人们痛恨到了极点。此时，周处有了悔改之意，但又担心别人不接受自己，于是找到当时的名士陆云寻求指点。陆云诚恳地教导他："古人重视道义，认为哪怕早晨明白了道理，晚上就是去死也心甘情愿。况且，你的前途还是大有希望的。做人就怕没志向，只要肯立志，又何愁好名声不能传扬呢？"周处听后果然改过自新，终于成为一代忠臣，流芳百世。

"道"还有着更广泛的含义，古往今来，许多名人用一生诠释了他们各自的求"道"之行。首先以孔子为例，孔子早年积极入仕，推行自己的政治思想，因此不畏艰辛周游列国游说各国国君。后来，他自知从政无望，转而一心治学育人，"诲人不倦"，门下有"弟子盖三千焉，身通六艺者七十有二人"。再看身处乱世的庄子，他的内心充满着对当时世态强烈的爱与恨，便求道于"自然"，主张修身养性、清静无为并身体力行，虽然简衣素食，但身与心得以逍遥。古希腊著名学者阿基米德终身致力于科学研究，在临死前一刻还在研究一道数学题，请求凶残的罗马士兵等他解答完这道题再杀他。可是，无知的罗马士兵没有理会阿基米德的临终请求，将他杀害了。无论是孔子、庄子，还是阿基米德，他们心中的"道"，就是他们为之追求一生的理想或真理。

　　如今，"朝闻夕死"的求道精神并没有过时，无论古今中外，它在每一个追求真理的人心中依然是一条铁律。

[**闲话人生**]……

"贼王"的新生　2004年春节的时候，60多岁的"贼王"王同山走出了监狱。他见满街都是拿着压岁钱的小孩子，而自己却穷困潦倒，心里再次起了偷盗的恶念。突然，他看到一个小姑娘口袋中的一张百元大钞快要滑落出来了。可是，对一个天真无邪的小孩子下手，他实在不忍。于是，他走过去，拍了拍小姑娘的头说："把钱放好啊，都快掉出来了。"小姑娘放好钱，对他感激地一笑："谢谢你，爷爷。"

　　王同山第一次有了被尊重的感觉，心中的恶念顿时一扫而空。

[心灵捕手] ……

为你的生命增值

  人的生命有长有短，可人生的价值却不是以生命的长短来衡量的。孔子说："朝闻道，夕死可矣。"王同山用了六十年的时间，才找到一个正常人想要的生活。从此，他活得明白、踏实了，因为他找到了自己的生命价值所在。

  每一个生命的价值是无限的。花无论生长于野外还是温室中，至少都具有使人赏心悦目的价值；树无论长势高低，至少都具有绿化的价值；每一种动物无论是强大的还是弱小的，凶残的还是温驯的，至少都是生态平衡的功臣。而作为万物主宰的人类，拥有更自主的能力在更广阔的空间创造更多的价值。这种价值也许体现在一个目标的实现、一个理想的达成，无论大小高低，只要你努力去追求、争取，为自己或为他人的生命增色，生命的价值就会无限增值。

  我们不能延长生命的长度，却可以拓展生命的宽度；我们不能增添生命的数量，却可以提升生命的质量；我们不能决定生命的起止，却可以增加生命的价值。

君子喻于义，小人喻于利

[原文]……

子曰："君子喻于义，小人喻于利。"_{选自《论语·里仁》}

孔子说："君子懂得的是大义，小人懂得的是私利。"这句话开了"义利之辩"的先河，孔子站在君子的立场上，把"义"放在"利"之上。

[名师讲谈]……

这一句不难理解，它表明孔子是倡导"先义后利"的。除了这一句，《论语》中还有一些关于"义"与"利"的说法，可作为孔子义利观的补充，如"君子义以为上"（《论语·阳货》），"义然后取"（《论语·宪问》）等。从这几句话中我们可以看出，孔子并不是绝对排斥"利"的，而是主张一个人先要有理想和抱负，努力提高自己的精神境界，然后再去追求个人的物质欲望。

战国时期的儒学大家孟子继承并发扬了孔子的义利观，强调"重仁义轻私利"，提出："仁义而已矣，何必曰利？"（《孟子·梁惠王上》）甚至在生死攸关之际，他断然选择"舍生取义"："生亦我所欲也，义亦我所欲也；二者不可得兼，舍生而取义者也。"（《孟

子·告子上》）

春秋战国时天下"礼崩乐坏"，诸子站在不同的立场，对"义"与"利"的看法也各有不同：法家提出"贵利轻义"的主张；道家以超然物外的态度来看待义利；墨子则既不是重义轻利，也不是重利轻义，而主张义利合一。

不论古今，义与利的冲突永远是一对矛盾。那么，我们在义利之间该如何取舍呢？答案是：先义后利。以道义为基础，调和义利关系，权衡轻重。

[闲话人生]……

七个分粥的和尚　一个庙里有七个和尚，每天分一大桶粥。要命的是，粥每天都不够喝。

一开始，七个和尚用抓阄来决定由谁来分粥，每天轮一个。可一周下来，每个人只有在自己分粥的那一天才会吃饱。第二周，他们公推一位老和尚主持分粥。有权力就会滋生腐败。结果，每个人都挖空心思去讨好他，搞得整个小团体吵闹不休，仍无法公平。第三周，大家又组成三人分粥委员会和四人评选委员会，结果互相攻击扯皮，粥吃到嘴里总是凉的。

第四周，他们想出了一个方法：每个人轮流分粥，但分粥的人要等其他人都挑完后拿剩下的最后一碗。结果，为了不让自己吃到最少的，每个人都尽量分得平均。从此大家不再争吵，个个心气平和，日子越过越好。

[心灵捕手]……

私利和公义的"游戏规则"

七个和尚经过多次的分粥争执，最终产生了一个"轮流分粥，分者后取"的"游戏规则"，结果落得皆大欢喜。在那么多规则中，只有这个看似简单的规则得到了全员的认可，这是为什么呢？原因很简单，这个规则能够使公义和私利达到和谐统一。公义是集体利益——人人都要公平，私利就是私人利益——我要吃饱。合理的游戏规则，能够做到兼顾集体利益和个人利益，使义和利统一起来。

孔子说过："君子喻于义，小人喻于利。"他的意思是"清者自清，浊者自浊"，在理论上君子凭道义上的自觉是可以避免义利之争的。但在现实生活中，义和利常常纠缠在一起，有时候不能全靠道义上的自觉来解决问题——因为让每个人都当道德高尚的君子是很难的，上面的小故事就反映了这种情况。所以，我们要制订人人都必须遵守的"游戏规则"，才能真正抑制私欲的过度膨胀，达到既使公义得到保障又让所有成员满意的结果。

贤哉，回也

[原文] ……

子曰："贤哉，回也！一箪食，一瓢饮，在陋巷，人不堪其忧，回也不改其乐。贤哉，回也！" 选自《论语·雍也》

孔子说："颜回的品德多么高尚啊！一竹篮饭，一瓜瓢水，住在小巷子里，别人都忍受不了这种穷苦，颜回却没有改变他自有的快乐。颜回的品德多么高尚啊！"这段话表明，孔子极为赞赏弟子颜回那种安贫乐道的精神。

[名师讲谈] ……

孔子主张君子应该克制自己的物质欲望，"食无求饱，居无求安"（《论语·学而》），要把重点放在塑造道德品质、追求精神生活的方面。他希望所有弟子都能做到"贫而乐"（《论语·学而》），也深知"贫而无怨难"（《论语·宪问》），所以他非常赞赏弟子颜回那种安贫乐道的精神。

颜回是孔子最为得意的弟子，以勤奋好学而知名，可不幸在三十多岁时就死了。有一次，鲁哀公问孔子，他的弟子中谁最好学。孔子答道："有颜回者好学，不迁怒，不贰过。不幸短命死矣！今也则亡，未闻好学者也。"（《论语·雍也》）在国君面前夸赞一个学生，这是孔子对颜回好学精神的最大肯定。后世的统治者也很赞赏颜回的好学精神,还将他树立为读书人的学习榜样,尊称他为"复圣"。

其实,孔子极口称赞颜回是一个品德高尚的人,他自己何尝不是这样的人呢?孔子说过:"饭疏食饮水,曲肱而枕之,乐亦在其中矣。"(《论语·述而》)意思是:吃着粗粮,喝着白水,弯曲着胳膊当枕头,却能在这种简朴生活中自得其乐。可以说,安贫乐道正体现了孔子的乐观主义精神。

有了孔子的倡导,安贫乐道的精神几乎被历代读书人所崇尚。在当代,这种精神还要不要讲呢?对这个问题我们应该辩证地看。首先我们要弄清安贫乐道的实质,那就是:人活着总是要有一点精神的,为了自己的理想和追求,即使生活困顿,也依然自得其乐。人们需要过上好的生活,需要改善自身的物质生活条件,需要维护和谋求正当的经济利益,这些都是正当合理的要求,因此要求人人"安贫"就没必要了,但如果有人主张"安贫",那是他自行选择生活方式的权利。只有"乐道"这种精神是不能丢的,因为追求精神上的快乐才是人的价值所在。

[闲话人生]……

沙漠与海滩　　一个美国人穿着泳装在撒哈拉大沙漠走着,一群非洲土著人好奇地瞧着他。

美国人微笑着说:"我打算去游泳。"

"可是,海洋在800千米以外呢!"非洲土著人提醒他。

"800千米!"美国人高兴地说,"我的天,我的脚下该是多大的海滩啊!"

[心灵捕手] ……

快乐和悲伤只隔一堵墙

　　读了上面的小故事，我们不难看出：在悲观者眼里沙漠是荒凉之地，跋涉800千米是那么漫长，所以生活是痛苦的；在乐观者眼里沙漠是海滩，漫步800千米却是一种享受，因为生活充满着希望。

　　我们再回放一遍颜回那困苦的生活境地——"一箪食，一瓢饮，在陋巷"。许多人在这样的处境中，恐怕都要抱怨、消沉，"不堪其忧"，可颜回却能"不改其乐"，做一个品德高尚的君子。颜回的精神，就是不受物质的羁绊、追求高尚精神生活的安贫乐道精神。在这种强大精神信念的指引下，他不懈地追求学问的最高境界，在治学的道路上不断前进。只有精神世界充实的人，才能在简陋困苦的物质环境中悠然处之，自得其乐。

　　有人说，快乐和悲伤只隔一堵墙。坐在墙头上，往这边看，你可能看到了悲伤的景象；如果你转换一个方向，也许就看到了快乐的景象。改变自己的思维角度，凡事抱着乐观的态度，人人都可以过上怡然自得的生活。

文质彬彬，然后君子

[原文]……

子曰："质胜文则野，文胜质则史。文质彬彬，然后君子。" 选自《论语·雍也》

孔子说："质朴多于文饰，就未免粗野；文饰多于质朴，就未免浮夸。只有质朴和文饰配合恰当，这才是个君子。"这句话辩证地说明了"文"与"质"的关系，引申出君子的理想人格模式是文质兼修的。

[名师讲谈]……

在这段话中，孔子提出了"文"与"质"的关系，指出二者相得益彰，这才是个君子。换句话说，"文质彬彬"是一个人修成君子的先决条件。

要正确理解这段话，关键是要搞清楚"质"和"文"的内涵。这里的"质"是指人的朴素本质，是未被外物影响的本我。这里的"文"并不是"文章"的意思，而是后天学来的许多经验和人文教化，简言之就是文饰之类。孔子说的"文质彬彬"，即"文"和"质"要均衡发展，使后天的礼教文化熏陶与人性本我的质朴相得益彰。孔子这段话是教育弟子们，做人不但要有美好的道德，还要有良好的言行举止，两者结合，才能逐步达到君子的境界。

如果把"质"和"文"的发展纳入一个人的人格修养的成长历程中，就更便于我们深刻理解这段话了。我们常说儿童的心灵天真无邪，很少有大人的矫饰和世故，这就是"质"。这一时期，儿童会做许多大人看上去无理、任性、荒唐、可笑的事，甚至带点"野"，这就是"质胜文则野"。等孩子长大后，懂得了待人接物，明白了世间的道理，成熟起来了，甚至成熟得有些虚假，泯灭了部分本我的真，即他所接受的"文"已经超过了"质"，这一时期就是"文胜质则史"。再经过一个时期的修养，他已经能够把"文"和"质"有机地结合起来，既保持本我的真，又善于调整自己与他人、个人与社会的关系的时候，那么他离君子的境界就不远了。

总之，孔子的话启发我们：做一个有修养的人，基本的原则就是内外兼修——既不迷失自我，又可明于世事。

[闲话人生]……

桃花村的三个小姑娘　　三个出外游玩的小姑娘，把路上一位受伤的老婆婆搀扶回了桃花村。

临别时，老婆婆拿出三朵鲜艳的桃花，送给三个小姑娘每人一朵，说道："它可以满足你们每人一个爱美的心愿。"爱打扮的小姑娘希望有一套最华美的衣裙，爱漂亮的小姑娘希望有一张最动人的容貌，最小的那个小姑娘只希望有一个最美好的心灵。三个小姑娘的话刚说完，果然都如愿以偿。

40年后，老婆婆去探访当年的三个小姑娘。她看到了三种不同的结局：当年那个爱打扮的小姑娘如今只穿着破旧的衣裙，当年那个爱漂亮的小姑娘如今脸上已布满了皱纹，只有当年第三个小姑娘如今在脸上洋溢着幸福的微笑——因为她心中充满爱，一直在帮助别人。

[心灵捕手]……

让美丽更动人

  这个故事告诉我们：美的真谛在于内心的丰盈，这种美既能令自己快乐也能令别人快乐，可以长留天地间；任何外在美——不管是华丽的衣裙还是娇美的容颜，只能美在一己、美在一时，却抵挡不住岁月之刀的雕刻，终究是会消逝的。

  既然内在的美比外在的美更动人、更持久，那么，如何达到这种美呢？孔子提示我们，"质胜则文野，文胜则质史"，要内外兼修，品德修养、学识修养、经验学习都不能少，使"质"与"文"得到均衡的发展。

  人注重美的内在，也注重美的外在体现。内在美和外在美只有相得益彰才能达到最好的效果。电视上的选美大赛，就很能说明这一点。选手们走台步，秀身材，试穿各式衣裳，这些都是体现外在美的。而选手们的各种才艺表演，无疑是体现内在美的。精彩睿智的回答，可以给一个选手增加知性的亮色；而常识上的错误回答，也能使一个选手的美丽在观众的心目中大打折扣。

  一个人的外在美要达到整洁得体并不难，而要把内在美做到一尘不染恐怕就有些难度了。如果把每个人的一生比作选美舞台，你准备怎样展示自己的美丽呢？

不义而富且贵，于我如浮云

[原文]……

不义而富且贵，于我如浮云。 选自《论语·述而》

用不正当的手段得来的富贵，对我来讲就像浮云一样。这句话表明，孔子对不择手段而求取的富贵是非常鄙视的。

[名师讲谈]……

在这里，孔子提出了自己看待和求取富贵的具体原则，即对不合乎道义的富贵坚决不取，表现了他高尚的人格。"富贵于我如浮云"，也成为后世知识分子追求理想境界而轻视荣华富贵的宣言。唐朝的伟大诗人杜甫就写过"丹青不知老将至，富贵于我如浮云"（《丹青引赠曹将军霸》）的诗句，借赠曹将军之语，表明自己的高洁志向。

我们知道，孔子是赞赏安贫乐道的，但这并不表明他鄙视财富。他从未排斥过财富，而是承认追求财富是人的天性："富与贵，人之所欲也。"（《论语·里仁》）同时，他还说过："富而可求也，虽执鞭之士，吾亦为之。如不可求，从吾所好。"（《论语·述而》）意思是：如果富贵合乎道义就可以去追求，哪怕是给人执鞭赶马的下等差事，我也愿意去做；如果富贵不合乎道义，那我就宁肯不要，干脆去做我爱好的事好啦。这一句说得明白痛快，很能彰显孔子坦率的个性，可作为选句生动的补充说明。

经过孔子的首倡，不取不义富贵的观念成为历代大儒和名士的共识。战国的孟子说过一句很有名的话："富贵不能淫，贫贱不能移，威武不能屈，此之谓大丈夫。"(《孟子·滕文公下》)他把"富贵不能淫"作为"大丈夫"的必备条件之一，上升到高尚人格的高度。魏晋时期终身不与司马氏合作的嵇康，东晋时期不为五斗米而折腰的陶渊明，他们都是鄙视不义富贵、保持洁身自好的君子，其嘉言懿行都为后人所称道。

耻言富贵早已过时，追求财富、实现自我价值成为我们这个时代不可逆转的潮流。因此，富贵与义也该统一起来，我们应倡导新的富贵观。一个人的富有不能仅用金钱来衡量，内心富有才是真正的富有。在成就自我的同时，也能使更多的人受到关爱，这就是你最大的富有，也是最大的义。

[闲话人生]……

林肯不取不义之财　小镇上新成立了一个邮务所，年轻的林肯成了那里唯一的工作人员。虽然每月只有1美元的工资，林肯仍然风雨无阻地投递那些地址不详的邮件，挨门挨户地询问，直到把邮件送到为止。

两个月后，这家邮务所由于业务量太少被迫关闭了。林肯把所有账目和剩下的资金放在一个袋子里，等着上级来接收。可是，上级早把这个小邮务所给忘了。虽然如此，不管日子如何艰难，林肯从没有动用过这些资金。

一年后，林肯在街上偶然遇到一位邮政局的稽查员，便主动提起这件事，并如数上交了所有账目和剩余资金。此事传开后，大家都亲切地称林肯为"诚实的林肯"。

[心灵捕手] ……

莫让财富成为负累

打开电视，翻看报纸，连上网络，只要是媒体能够占领的地方，我们都不难发现这样或那样的富豪榜、财富榜……"君子不言利"的古训，恐怕没有多少人认可了，人们追求的是最为现实的财富——货真价实的钞票。

人的生存需要一定财富作为生活的保障。财富本身并不存在什么罪恶，但是一个人如果"不义而富"，不仅受到鄙视，并且这样的"富"绝不会是大富，多半是些蝇头小利。

然而，当富贵成为有些人的唯一追求时，他们就开始胡作非为了。毒大米坑害人命，假奶粉祸及婴幼儿，假种子、假化肥让农民们一年的心血付之东流，欲哭无泪，假药让多少患者伤身丧命……要知道，"多行不义必自毙"。如果把逐利作为唯一的生存目标且不择手段地去谋取，不仅贻害大众，最终也会害了自己。

"君子爱财，取之有道。"我们不一定非要做君子，但要像君子一样取"财"。一个人合理地获取财富，才能使财富真正地为己所用，光明正大，坦坦荡荡，而不会为其所害。

民无信不立

[原文]……

子贡问政。子曰:"足食,足兵,民信之矣。"子贡曰:"必不得已而去,于斯三者何先?"曰:"去兵。"子贡曰:"必不得已而去,于斯二者何先?"曰:"去食。自古皆有死,民无信不立。" 选自《论语·颜渊》

子贡问怎样治理国家。孔子说:"粮食充足,军备充足,百姓信任执政者。"子贡说:"如果不得不去掉一项,那么在三项中先去掉哪一项呢?"孔子说:"去掉军备。"子贡说:"如果不得不再去掉一项,那么在这两项中去掉哪一项呢?"孔子说:"去掉粮食。自古以来人总是要死的,如果百姓对执政者不信任,那么国家就不能存在了。"在这段话中,孔子提出了"取信于民"的主张,成为后世历代治国方略的圭臬。

[名师讲谈]……

子贡向孔子请教如何从政,孔子回答了上面这番话。在这里,孔子认为治理一个国家应当具备三个最基本的条件:"足食""足兵"和"民信之"。在这三者当中,"民信之"是最重要的,其次是"足食",最后是"足兵"。孔子认为"民信之"是政治的生命底线,强调政府必须在人民面前讲信用。可以说，这段话是当代"取信于民"和"执政为民"等思想的滥觞。

"足食""足兵""民信之"，用现代话讲其实就是指粮食、国防、政府公信力。从古至今，粮食、国防、政府公信力是任何一个国家政权赖以存在的基本问题。粮食充足了，可以解决人民的温饱问题，使社会逐步进入经济发达阶段。军备充足了，国家就不会有"落后就要挨打"之虞，才能保障社会稳定，人民安居乐业。政府公信力，可以说是国家、政府存在的基石。如果政府在和平时期能做到取信于民，就可以调动人民的积极性，为国家建设贡献力量，推动社会繁荣和进步。战国时期，商鞅通过"南门立木"，顺利推行了新法，就是取信于民的范例。反之，政府如果没有公信力，就会失去人民的支持，执政党的地位就会动摇，甚至有亡党、亡政、亡国的危险。而在战争时期，"得民心者得天下"，失去民心的那一方即使再"足食""足兵"，也注定要走向失败。在解放战争中，中国共产党的军队之所以能够战胜武器装备精良的国民党军队，很大的原因是中国共产党的军队赢得了民心。这正如陈毅将军所说，淮海战役的胜利是老百姓用小推车推出来的。

作为治理国家的三个基本方面，彼此之间联系密切，不可分割。一方面，孔子认为"民无信不立"，指出三者之中取信于民最为重要。但另一方面，孔子依次说出"足食""足兵""民信之"，暗含着三者是层层递进的关系。俗话说，"民以食为天"，"手里有粮，心里不慌"。百姓有了充足的粮食，才能保证国家的内部安全。充足的国防力量，则保证了国家的外部安全。若不能"足食""足兵"，也就不能取信于民了。

可是，当物质建设方面不得不放弃的时候，儒家的思想就更倾向于精神建设方面了。这也就是当子贡向孔子提出排除选择时，孔子依次做出"去食""去兵"等回答的原因。在这里，我们必须注意的是，孔子并非不重视"足食"和"足兵"，而是执政者在"必不得已而去"的非常时期所做出的非常选择。

[闲话人生] ……

废墟上的鲜花　　第二次世界大战刚刚结束的时候，战败后的德国到处是废墟。

有两个美国记者访问了一家住在地下室的德国居民。离开后，两个记者在路上谈起访问的感觉。

第一个记者问："你看他们还能重建家园吗？"

第二个记者说："一定能。"

第一个记者又问："为什么你的回答这么肯定呢？"

第二个记者说："你发现了吗？他们在黑暗的地下室的桌子上放着一束鲜花。任何一个民族，处于这样困苦的境地，还没有忘记鲜花，那他们就一定能在废墟上重建家园。"

[心灵捕手]……

"信"是可贵的财富

在第二个记者眼中，黑暗的地下室桌子上所摆放的那一束鲜花，展现了一个民族在困难面前的英勇无畏和乐观向上的精神。可以说，有鲜花的地方就有希望。这种希望，就是人民对国家和政府的充分信任，对美好未来的向往。

事实也证明，那个记者的判断是正确的。经过一段时期的努力，战后的德国在经济方面得到了迅速恢复和发展，成为欧洲乃至世界的强国。

在巨大的困难面前，不单德国人民，中国人民也有这种顽强奋争的精神。2008年四川省的汶川大地震，造成了四川许多地区道路交通瘫痪、停水断电、房屋倒塌等巨大损失，可是灾区人民在全国人民的支援下，正逐步走出困境，重整家园，恢复正常的生产和生活。全国为四川地震默哀的那一天，数以万计的人走上天安门广场，在默哀后个个激情高呼："四川加油！""中国加油！"这一切不也说明，"天灾不可畏，人心最可贵"，人民对国家依然信任吗？

在《论语·为政》中也有一段"人而无信，不知其可也"，如果不讲信用，真的不知道该拿他怎么办！只有得到人们的信任，办事才能成功；也只有自己讲信用，才能得到人们的信任。人与人之间建立起相互的信任，才能达到"双赢"。

君君，臣臣，父父，子子

[原文]……

齐景公问政于孔子。孔子对曰："君君，臣臣，父父，子子。" 选自《论语·颜渊》

齐景公向孔子请教如何治理国家。孔子说："君主要像君主的样子，臣子要像臣子的样子，父亲要像父亲的样子，儿子要像儿子的样子。"孔子的这几句话，在后世演变成了"君为臣纲，父为子纲"，对封建礼教产生了深远影响。

[名师讲谈]……

"君君，臣臣，父父，子子"，这几个字十分简单，第一眼看上去简直就是文字游戏。其实，结合春秋的史实，我们就会发现，孔子在这里是暗有所指的。

根据《史记·孔子世家》记载，孔子是为避鲁国内乱才来到齐国的。为了实现自己的政治主张，35岁的孔子还做了齐国贵族高昭子的家臣，以便接近齐景公。孔子看到，齐国大权由陈氏独揽，君位如同虚设，而齐景公也没有立太子，这些因素加起来导致齐国国势不稳。在当时，等级名分受到严重的破坏，诸侯国中弑君杀父之事屡见不鲜，孔子对此深恶痛绝。孔子告诉齐景公，"君君，臣臣，父父，子子"，其实是想恢复西周以来的等级秩序，国家就可以得到完善的治理。这番话当然说破了齐景公的心事，因此孔子获得了齐景公的赏识。不久，齐景公准备赠给孔子一块封地，不料齐国的相国从中阻挠，未能成事。遗憾的是，齐景公始终没能听从孔子的主张，才招致陈氏弑君的惨剧。

如何做到"君君，臣臣"呢？用孔子自己的话来说，就是"君使臣以礼，臣事君以忠"（《论语·八佾》）。至于"父父，子子"，孔子虽没有直接论述，但可看得出，他也是要求父亲有长辈的样子，晚辈有晚辈的样子，即父慈子孝。在儒家著作《大学》中，有对君、臣、父、子之道的详细表述："为人君，止于仁；为人臣，止于敬；为人子，止于孝；为人父，止于慈。"

孔子话中的封建等级观念是很浓厚的，我们当然不可能提倡这一点，何况君臣之道也随着帝制的消亡而一去不返了。但是，这句话也有积极的成分，那就是各守其责的观念。因此，这句话也启示我们：每个人在社会上都扮演着不同的社会角色，都应当做好分内的事，国家政事和社会伦理才能有序地进行下去。

[闲话人生] ……

从离开到留下　业务员甲对朋友乙抱怨道："我要离开这个公司，公司的老板太小瞧我了！"乙建议道："我赞成你！不过，你现在离开还不是最佳时机。"甲问为什么，乙又解释说："作为一个业务员，如果你现在走了，对公司的损失也不算大。你应该拼命地去为自己拉些客户，成为公司独当一面的人物，然后再带着这些客户突然离开，公司才会受到重大损失……"甲认为乙说的话非常有道理，于是决定努力工作。

半年后，甲终于有了许多忠实客户。二人再次见面时，乙问甲："现在是时候了，要赶快行动啊！"甲却淡然一笑，道："老板已经跟我长谈过，准备升我为总经理助理，所以现在我不想离开了。以前我不懂什么叫尽职敬业，现在我懂了。"

[心灵捕手]……

做好分内的事

做好分内的事，说起来容易干起来难。特别是把一些小事也做得很出色，并不是每个人都能达到的。

要做好分内的事，先必须有个良好的心态。俄罗斯的克里姆林宫有一名清洁工，说过一句意味深长的话："我的工作其实和普京总统差不多，他是在打理俄罗斯，我是在打理克里姆林宫。"这名清洁工的心态就很值得赞许，清洁工也好，总统也罢，都是一种职业，只是社会分工不同而已。所谓"君君，臣臣，父父，子子"，也只是社会分工不同而已。清洁工正是有了这种良好心态，才把分内事做得那么有境界。

要做好分内的事，还要有踏实的作风、明确的目标，就像故事中的业务员甲，努力赢得客户是他的一级目标，离开公司反而变得次要。更重要的是，在一级目标逐个实现的过程中，他得到了应有的回报，看似无心插柳，实则实至名归。

其身正，不令而行

[原文]……

子曰："其身正，不令而行；其身不正，虽令不从。" 选自《论语·子路》

孔子说："执政者自身行为端正，即使不发布命令，百姓也会主动去做。执政者自身行为不端正，即使发布命令，百姓也不会服从。"孔子强调，执政者以身作则的工作作风对政令的推行有决定性的影响。

[名师讲谈]……

在这句话中，孔子谈的是执政者要以身作则的问题。《论语·颜渊》还有一段，讲的是鲁国执政大臣季康子向孔子问政的事，可和这句话对照起来看。孔子对季康子的回答是："政者，正也。子帅以正，孰敢不正？"意思是，执政者要先正己才能正人。《论语·子路》中还有一句："苟正其身矣，于从政乎何有？不能正其身，如正人何？"这句话谈的也是执政者要起表率作用的意思。

孔子的这些为政提法，其实就是贯彻一个"先正己后正人"的执政思路。无数史实也都证明了这条真理：汉末的曹操，其座下惊马误踏麦田，他便以割发代首的方式严明了军纪，更加得到了部下们的拥护；北宋的清官包拯，忍痛把自己那贪赃枉法的侄子包勉当众正法，不但整肃了吏治，也让百姓看到了一片湛湛青天……

其实,"先正己后正人",不单适用于政治领域,也适用于其他领域。

"为人师表"是教育界常说的词。教师的言行对学生的影响,是强调言传身教的。教师的一言一行都被学生看在眼里,所以教师要严格要求自己,师风正后学风才能正。

父母教子也是如此。人们说,父母是孩子的第一任老师。还有一句,孩子是大人的镜子。如果父母有良好的品行,孩子便会在潜移默化中学习、效仿,逐渐培养良好的品行,健康成长;反之,孩子在不良的影响下,也很难获得健康的成长。

在处理人际关系,特别是处理与他人的小矛盾的时候,"先正己后正人"也是一条不错的思路。两个人之间发生小矛盾了,"公说公有理,婆说婆有理"。这是因为,当事双方都是站在自己的立场看待问题,才引发了争执。这个时候,最需要的就是双方要推己及人,端正自身,问题就不难解决了。

[闲话人生]……

猫头鹰搬家的悲剧　有一只猫头鹰,总在不停地搬家,没有一次能稳定地居住下来。原因是:邻居们都讨厌猫头鹰那难听的声音,拒绝与它交往。

这一天,猫头鹰又要从树林西边搬到树林东边去了。斑鸠不忍看到猫头鹰那样奔波劳累,就直言相告:"朋友,假如你能改变自己的叫声,搬到哪里都可以,但如果你还是老样子,树林东边的新邻居们仍然会讨厌你的声音啊!"

[心灵捕手] ……

正人先正己

猫头鹰不停地搬家，一味改变生活环境，却不去思考自己不受欢迎的原因，因此只能是白白浪费时间。

学会自省，端正自身，往往更有利于矛盾和问题的解决。

在生活中，有些人的眼里总是看到别人的不是，喜欢挑别人的毛病。殊不知，这些人的身上往往也有很多毛病呢，甚至有他们所指责的那些人身上的毛病。当你在指责别人的同时，通常是一个手指指着别人，却有四个手指指向自己。

要端正自身，很重要的一点就是要学会换位思考，那就是：站在对方的角度，反思自己的言行，错误的要改正，正确的要坚持，无关原则的问题可适当让步。如果你和别人的意见发生了分歧，你是不是应该静下来，认真分析一下，自己身上有没有不对或欠考虑的地方呢？道理想明白了，你就要先"正己"——从自身做起，把自身的毛病改掉；你的毛病没有了，别人就自然接受你了，这样"正人"的效果也会达到。

无求生以害仁，有杀身以成仁

[原文]……

子曰："志士仁人，无求生以害仁，有杀身以成仁。" 选自《论语·卫灵公》

孔子说："志士仁人，没有贪生怕死而损害仁德的，只有牺牲自己来成全仁德的。"这句话就是成语"杀身成仁"的来源。

[名师讲谈]……

在这段话中，孔子指出志士仁人的生死观是以"仁"为最高原则的。在孔子看来，"仁"比生命更宝贵，为了实现"仁"，哪怕牺牲生命也值得。《论语》中孔子所说的"仁"含义很广，既有"克己复礼"的自制和"卫道"，也有"爱人"的推己及人情怀，更有修成君子的至高人格。

后来人们把这段话总结为"杀身成仁"，并赋予了"仁"的新内涵——国家、民族大义。历史上，无数仁人志士为国家和民族大义而抛头颅洒热血，谱写了一首首壮丽的诗篇。

南宋的抗元将领文天祥就是这样一位仁人志士。在外族入侵的危急时刻，文天祥组织广大军民奋起反抗。在被俘后，他横眉冷对敌人的严刑拷打和欺骗利诱，最终选择了英勇就义。他为后世留下了这样铿锵有力的诗句："人生自古谁无死，留取丹心照汗青！"

不单古代有这样的志士仁人，近现代史中也不乏这样的英雄人物。清末的女革命家秋瑾被清廷收捕后，视死如归，慷慨就义，为后世留下了"秋风秋雨愁煞人"的慷慨诗句，激励着无数的革命者奋然而前行。

抗日战争时期，志士仁人更是不胜枚举。抗日英雄"狼牙山五壮士"在上千敌人围攻、弹尽粮绝的情况下，毅然选择了跳下山崖，谱写了一曲中华民族英勇不屈的壮歌！

鲁迅先生说过："我们从古以来，就有埋头苦干的人，有拼命硬干的人，有为民请命的人，有舍身求法的人……虽是等于为帝王将相作家谱的所谓'正史'，也往往掩不住他们的光耀，这就是中国的脊梁。"（《且介亭杂文·中国人失掉自信力了吗？》）在中华民族的历史上，无数这样的"志士仁人"就是我们中华民族的脊梁。

[闲话人生]……

厉归真冒死画虎　厉归真是五代时的一位画家，尤善画虎。不过刚开始时，他画的虎总带有牛的影子，真可谓"画虎不成反类牛"。然而，厉归真并不灰心，他想："我从未见过真老虎，仅靠模仿如何能画好虎呢？"于是他只身一人，背上行李和干粮，走进老虎经常出没的深山老林，在高树上搭了个窝棚住下来。每当黄昏，不时有猛虎从他栖身的树下出没。这时，他忘记了生命危险，只是聚精会神地仔细观察老虎的各种神态，并抓紧时机描摹下来。就这样，他积累了大量的第一手资料。

回家后，厉归真更是细心揣摩，认真练画，终于掌握了画虎的要旨。行家们见他画的虎生气勃勃、威风凛凛，颇具兽中之王的神韵，都啧啧称赞。人们纷纷上门求画，他的名声也越来越大了。

[心灵捕手]……

为有勇气追求理想的人喝彩

　　看了上面的小故事，厉归真冒死画虎的勇气，给我们留下了极其深刻的印象。其实，勇敢只是一种成功表象，如果往深处挖掘他成功的真正原因，乃是他对画艺的求道精神。如果把孔子所说的"求仁"看成是求道，那么孔子追求的就是一种匡世为民的精神。而画家的求道又是什么呢？那就是不懈追求艺术完美性的精神，也可以说是一种理想。

　　勇气是我们每个人所必需的。勇者无惧，有了勇气，一切都有实现的可能。世界上不缺少奇迹，缺少的是创造奇迹的勇气！

　　为了理想而吃苦拼命，甚至放弃很多已经拥有的东西，看上去有些不值，但谁知道这些失去的东西会不会以另一种形式得到加倍补偿呢？就像厉归真冒死画虎，他得到的是络绎不绝的求画者，或者说更重要的是实现了自己的价值。

处世篇

……积极的处世之道，教我们处理好人际关系……

- 《论语》作为儒学的经典著作，在宣扬儒家思想的同时，充分体现了儒家的处世之道。

- 在儒家的众多处世名句中，最有名的要数"己所不欲，勿施于人"了。这就是儒家的"恕"道。孔子这句处世的基本原则，不但在中国影响深远，而且在世界领域也有极大的影响。除了"恕"道，《论语》中还有一种重要的思想——"忠"。用孔子自己的话来表达，"忠"就是："己欲立而立人，己欲达而达人。"可见，儒家是强调推己及人、知人论世的。这又是儒家处世的另一基本原则。

- 曾子把孔子之道概括为"忠恕"二字，可谓微言大义。我们在学习《论语》的过程中，也要抓住这两个字来理解其他处世思想，才能达到提纲挈领的学习效果。

吾日三省吾身

[原文]……

曾子曰："吾日三省吾身：为人谋而不忠乎？与朋友交而不信乎？传不习乎？" 选自《论语·学而》

曾子说："我每天多次反省自己：为别人办事是否尽心竭力了呢？同朋友交往是否做到诚实可信了呢？老师传授我的学业是否复习了呢？"在这段话中，曾子认为自我反省对提高个人道德修养极为重要。

[名师讲谈]……

儒家十分重视个人的道德修养，追求塑造理想的人格。孔子的弟子曾子在这里所讲的自省，就是自我修养的基本方法。

在本章中，曾子提出了"忠""信"和"习"的态度。前两个讲的是道德修养，第三个讲的是学习。

"忠"在先秦时期是一般的道德范畴，适用于所有人，不止用于君臣关系。汉代以后，逐渐将"忠"字演化为"忠君"，是臣子对君王的关系了，所以这里要特别注意。也就是说，对包括君主在内的所有人都要尽力帮助。这句话的关键字眼是一个"尽"字，即办事尽心尽力，不遗余力。

"与朋友交而不信乎"中的"信"，涵义包括两方面：其一是信任，其二是信用。曾子强调，与朋友交往就要诚实无欺，答应朋友的事情，就要说话算数。言而有信，是一个人立身处世的基石。一个人如果做事不讲信用，还有谁愿意和他交往呢？现在，"以诚实守信为荣"的观念更是成为国人共同遵守的道德规范。

曾子为什么把"忠"和"信"看得这样重呢？俗话说，"缺什么，补什么"。曾子大谈"忠"和"信"，就因为"忠"和"信"在春秋时代是很不容易做到的。当时的社会变化十分剧烈，礼崩乐坏，诸侯争霸，人们的思想信仰和传统观念也出现了危机。曾子有感世风日下，便提出这种"反省内求"的修养办法，并以现身说法的方式，将其和盘托出：不断检查自己的言行，追求完美的理想人格，就是自己每天必做的功课。这也是在教育孔门弟子和后学，要自觉地反省自己，改正个人言行举止上的各种错误，开展自我批评，逐步提高个人的思想修养和道德修养。

而"传不习乎"，则是针对学习而讲的。对于老师传授的知识，学生每天都要复习一遍，颇有"好好学习，天天向上"的意思。老师传授的是什么呢？打开《论语》翻一翻，我们就知道了。"子以四教：文、行、忠、信。"（《论语·述而》）其中，"忠"和"信"

前面已经反省过了，这里作为功课还要再复习一遍。"文"是文献，"行"是生活实践。当时孔门弟子每天要学习的内容，道德修养几乎占了一多半。从这个角度看，学习的过程也是对道德修养的反省和加深的过程。

所以说，曾子这三问都是反省自我，而这种自省的道德修养方式在今天仍有值得借鉴的地方。在今天，你也可以每天向自己提出这三问，想想自己都做到了没有。记住，逐步提高自我反省能力，也是完善道德修养的基本功。

[闲话人生]……

商人的遗嘱　一个商人在临死前告诫自己的儿子："你要想在生意场上成功，一定要记住两点：守信和聪明。"

"什么叫守信呢？"儿子焦急地问道。

"如果你跟别人签了一份合同，可签字后你才发现自己将会因这份合同而倾家荡产，那么你也要照约履行。"

"那么，什么叫聪明呢？"

"那就是，不要签这份合同！"

[心灵捕手] ……

自省帮你提升"高度"

商人在遗言中除了谈守信,还特别强调了"聪明",这其实是传授儿子一种人生智慧——自省。合同该不该签?这是个需要反复思考的问题,最考验一个人的自省能力。

自省,历来为学者大家所倡导和重视。除了曾子的"吾日三省吾身"的名言外,荀子也说过:"君子博学而日三省乎己,则知明而无过矣。"佛教也有精妙的比喻:"时时勤拂拭,勿使惹尘埃。"可见,自省作为一种内在的修养,既是对自我心镜的拂拭,也是对精神境界的净化。

其实,除了道德范畴,自省的内容还可涵盖为人处世的全部范畴,如个人的内在欲求和外在言行、个人与他人的关系、个人与社会的关系、个人与自然的关系。人要全方位提高自我,就需要反复自省、深度自省。

如何自省呢?一要有审慎的心态,即"三思而后行",多加权衡;二要有开放的思路,即"肯定正确、纠正错误、以利将来"。自省让人生变得深刻又丰富,是行之有效的"修行"方法。

不患人之不己知，患不知人也

[原文]……

子曰："不患人之不己知，患不知人也。" _{选自《论语·学而》}

"不要担心别人不了解自己，要担心的是自己不了解别人。"这句话表达了孔子反躬自求、推己知人的为人处世思想。

[名师讲谈]……

　　这一章讲的是反躬自求、推己知人的处世之道。跟这一章的意思差不多的，在《论语》中还有三章："不患人之不己知，患其不能也"（《论语·宪问》），意思是"不用担心别人不了解自己，要担心自己没有才能"；"君子病无能焉，不病人之不己知也"（《论语·卫灵公》），意思是"君子只担心自己没有能力，不担心别人不了解自己"；"不患莫己知，求为可知也"（《论语·里仁》），意思是"不要担心没有人了解自己，应该谋求能使别人了解自己的才能"。

　　总而言之，这四章讲的是：人应该从自身努力做起，提高自己的能力，来求得别人和社会的理解和认可，而不应抱怨别人和仇恨别人，甚至抱怨社会和仇恨社会。

　　孔子的这一处世思想对于那些"眼高手低"的人来说，非常具有借鉴意义。所谓"眼高手低"，就是看什么都不顺眼，认为别人的能力都不如自己，其实他自己的能力是很低的。要知道，如果把自己的能力过度高估，苦恼就会没完没了。比如：有的大学生刚刚毕业，就以为自己是了不得的人才了，其实他们最缺乏社会经验和必要的历练。他们不愿意干基础性的工作，不想从基层做起，一心只希望争取高薪高职，过于频繁地"跳槽"，结果落得一事无成。如果这些年轻人能够领会孔子这句话的意思，不再好高骛远，而是认清理想与现实的距离，找到自己与别人的差距，踏踏实实地把基础的工作做好，用实际成绩来展示自己的能力，那么他们将来自然会有发展的机会，也就会减少许多无谓的烦恼了。

北宋名相王安石说过："知己者，智之端也，可推以知人也。"一个人要不断完善自我的修养和能力，坚信"是金子总要发光的"，只要有机会，自己的价值迟早会有被社会认可的那一天。

[闲话人生]……

钥匙的话　　一把巨锁挂在大门上，一根铁棍又是搬又是撬，还是无法把它弄开。这时钥匙来了，只见它把瘦小的身子钻进了锁孔，才轻轻一转，巨锁就"啪"的一声打开了。铁棍奇怪地问："为什么我费了那么大力气也打不开，你却轻易就把它打开了呢？"钥匙说："因为我最了解它的心。"

[心灵捕手]……

学会反思自我

　　在小故事中，铁棍和钥匙采取了两种截然不同的策略。铁棍自恃强大，认为自己无坚不摧，就一味把外力强加于巨锁上面，结果却栽了跟头；钥匙虽然小巧，却懂得巨锁的心，用自己贴合巨锁，结果很轻易就打开了它。

　　两种截然不同的方法，造成了两种截然不同的结果。强加于人者受到反抗，体贴人意者受到欢迎。无疑，要掌握人际交往的诀窍，钥匙的策略才是我们应该学习的。

　　在生活中，有的人一与别人发生争执，就总抱怨别人不了解自己，甚至怨恨别人，其实这些人应该转变一下思维方向——你自己又了解别人多少呢？你是不是把自己的意见强加于人了呢？只有反躬自问，把自己的姿态放下来，真诚对待别人，找到真正的症结所在，做到有效的沟通，矛盾才能最终化解。

　　子曰："不患人之不己知，患不知人也。"圣贤的话也启示我们：一个人要学会反思自我，通过不断地提升自己的德行，获得别人的了解和社会的认同。

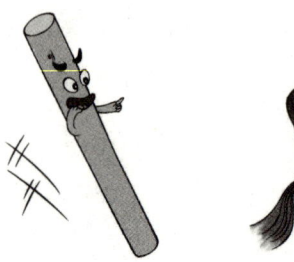

听其言而观其行

[原文]……

宰予昼寝。子曰:"朽木不可雕也,粪土之墙不可杇也。于予与何诛?"子曰:"始吾于人也,听其言而信其行;今吾于人也,听其言而观其行。于予与改是。" 选自《论语·公冶长》

孔子弟子宰予在白天睡懒觉。孔子说:"腐朽的木头无法雕成器物,粪土垒的墙壁无法粉刷干净。对宰予这个人,责备他还有什么用呢?"孔子又说:"起初我对于别人,听了他说的话便相信他的行为;现在我对于别人,听了他说的话还要观察他的行为。在宰予身上,我改变了观察人的态度和方法。"孔子在此批评了懒惰的宰予,并提出了"听其言而观其行"的处世方法。

[名师讲谈]……

孔子的弟子宰予很聪明,能言善辩,是"孔门十贤"之一,却有个小毛病——白天睡懒觉。一天,宰予在白天睡懒觉,被孔子抓了个正着。孔子对他大加痛骂,把他比作朽木和粪土之墙。民间有两句骂人没出息的话,叫"榆木疙瘩难成器","烂泥扶不上墙"。这两句和孔子骂宰予的话,大同小异。对没出息的人,圣人和老百姓都瞧不起,古今一理。

这一次,一向讲究"温良恭俭让"的孔子把宰予骂了个狗血喷头，确实有些失态，却真实地体现了老师对弟子"爱之深，责之切"的苦心。如果学生真的一无是处而无药可救，老师可能都不愿管了。

　　孔子在"宰予昼寝"这件事中得到的教训是：正确判断一个人，就要听其言而观其行。这句话是很富有哲理的。我们仔细分析一下，言是认识范畴，行是实践范畴。认识能够指导实践，实践能够反映认识。有这样一句话，叫："实践是检验真理的唯一标准。"套用在言行问题上，就是只有通过一个人的"行"，我们才会比较客观地鉴别他的"言"。

　　有时，一个人在"行"上的细节就能反映出他的"言"是真是假。古时候一个人向老乡借钱，说要给母亲治病用。于是，老乡拿出了几十个铜板，放在桌子上。那个人喜形于色，伸手去取，无意中做出叠加铜板的动作，就是赌场码筹码时的动作。看到这里，老乡立刻收回了铜板，不想借钱了。那个人问为什么，老乡生气地说："是你的手告诉我的，谁会把钱借给一个赌徒去挥霍呢？"

　　因此，看一个人的本质，我们既要看他说什么，还要看他做什么，把二者联系起来，才不会误判。

[**闲话人生**]……

蜀鄙二僧　　边远的蜀地，有一穷一富两个僧人。有一天，穷僧人对富僧人说："我想到南海的普陀山去拜观音菩萨，你认为怎么样？"富僧人问："这么远的路，你靠什么去那里呢？"穷僧人说："我带着一个水瓶和一个钵盂就足够了。"富僧人说："多年以前，我就打算买一只船沿长江而下，到现在钱还没攒够。你仅靠着一个水瓶和一个钵盂，能行吗？"穷僧人什么也没说，转身离开了。

第二年，穷僧人从南海高高兴兴地回来了，并且告诉了富僧人。富僧人听了，不禁惭愧地低下了头。

[心灵捕手]……

行动比言语更有说服力

到南海的普陀山去拜观音菩萨，是一穷一富两个僧人的共同理想。无疑，穷僧人的物质条件差，富僧人的物质条件好。按一般的推论，富僧人实现理想的可能性更大些，可事实证明最终实现理想的却是前者。

原因在哪里呢？很简单，前者是说了就去做，言出必行；后者是说了却不做，言行不一。

言出必行，并不是每个人都能做到这一点。有的人说得好，可一遇到困难，就打退堂鼓，或者找个理由给自己找台阶下，结果什么事也没干成。而有的人，答应了别人的事就去做，即使没有言语的承诺，也坚持到底，从不有负人托。

所以说，判断一个人是否讲信用，既要看他的言语是否言之凿凿，更要看他的行为，因为行为更能反映一个人的内心世界。

己欲立而立人，己欲达而达人

[原文]……

夫仁者，己欲立而立人，己欲达而达人。能近取譬，可谓仁之方也已。　选自《论语·雍也》

什么是仁呢？一个人在世间有自己的位置，也要给别人一定的位置；要想自己事事行得通，也要让别人事事行得通。能够就目前的事情取例类推，逐步实施，可以说是实践仁道的方法了。

这句话指出了孔子践行仁的原则和方法：原则是利己而利人，方法是"能近取譬"。

[名师讲谈]……

"仁"是孔子学说的核心思想，所以孔学又被称为"仁学"。大多数的儒学研究者认为，"仁"的核心思想就体现在这句话中："夫仁者，己欲立而立人，己欲达而达人。"

这句话的关键字是"立"和"达"。清代学者阮元结合《论语》的其他章节，在《研经室集》中明确指出了"立"和"达"的含义："为之不厌，己立己达也；诲人不倦，立人达人也。立者，如'三十而立'之立；达者，如'在邦必达，在家必达'之达。""立"讲的是克己，也就是内修，"达"强调推己及人和察己知人，这两方面都是孔子倡导的推行仁的基本原则。

紧接着，孔子还明确指出了关于"仁"的实践途径与方法——能近取譬。简单解释，就是从自己身边的事做起，凡是利人利己的事都应该去做，这就是行仁。由此可见，"仁"并不是遥不可及、高不可攀的理想，而是可以通过对最切身的事情开始实践、逐步推广而实现的。因此，孔子曾经说过："仁远乎哉？我欲仁，斯仁至矣。"（《论语·述而》）意思是：仁爱真的离我很远吗？我心中想到这样做的时候，仁爱就到我身边了。

从以上分析可知，"己欲立而立人，己欲达而达人"，是从积极意义上实践"仁"的思想。但是，如果自己所做的不被别人认可或接受，又该采取什么样的方式呢？我们看孔子话中的反面，就是"己不欲立而不立人，己不欲达而不达人"，即自己不愿做的就不要强加于人。孔子在《论语·颜渊》中也说："己所不欲，勿施于人。"这就告诉我们，在推行"仁"的时候，如果和他人发生冲突或矛盾，就不该强加于人。

我们在发展自己的同时，也应该承认他人的价值，关心他人的生存与发展，推己及人，躬身实践。

[闲话人生] ……

小猪、绵羊和乳牛　一只小猪、一只绵羊和一头乳牛被关在同一个畜栏里。

有一次，农民捉住小猪要绑它，它大声号叫，猛烈地抗拒。

绵羊和乳牛讨厌小猪的号叫，便说："农民常常捉我们，可我们并不大呼小叫。"

小猪听了，回答道："捉你们和捉我完全是两回事啊！农民捉你们，只是要你们的毛和乳汁，可捉住我，却是要我的命呢！"

[心灵捕手]……

将心比心，达己达人

上面的小故事，给我们生动展示了一种极其重要的为人处世之道——不要把自己的思想强加于人。绵羊和乳牛讨厌小猪的号叫，向小猪埋怨、发牢骚，就是犯了这个错误。

不把自己的思想强加于人，就要学会站在对方的立场思考问题。在生活中，面对别人的失意、挫折、伤痛，我们就应将心比心，予以关怀和同情，施与援助之手。这才是真正的"仁"之道。在人际交往中，一个人只有站在别人的立场真诚地为别人着想、推己及人，才能使自己的言行做到客观公正、合乎情理，使彼此的沟通更畅快。

子曰："夫仁者，己欲立而立人，己欲达而达人。"真正的仁者必然是包容的，懂得尊重别人、爱护别人，因而能赢得别人的尊重和助益，获得共同的发展。

子不语怪、力、乱、神

[原文]……

子不语怪、力、乱、神。 选自《论语·述而》

孔子不谈论怪异、勇力、悖乱和鬼神这四件事情。这句话指出了孔子的信仰，特别强调他是不迷信鬼神的。

[名师讲谈]……

孔子为什么不谈论怪异、勇力、悖乱和鬼神呢？下面，我们逐条进行分析。

第一条和第四条，关系比较密切，所以在一起说。在生产力发展还十分落后的古代，人们对很多奇特的自然现象（包括死亡）都无法做出合理的解释，只能做出心理上的推测，加上道听途说、以讹传讹，于是"神""怪"之说流行。身为教育家的孔子却比较实事求是，说不清就不妄议，而把精力转向社会和人生，追求实现真正的人生价值。第二条，孔子不宣扬暴力，因为他追求的是智慧，主张君子应修身养德。第三条的"乱"，指悖乱和暴乱。国家发生暴乱，表明执政者治理得不好，或在政策、制度等方面存在问题。孔子不轻易说"乱"，是政治上的明哲保身，况且他宣扬的只有正道——"政者，正也"。

虽然"子不语"，但在《论语》这本书中，"怪、力、乱、神"也还是无法避免的。孔子偶尔谈及这些问题时，是有所保留的，一般都是有条件的,有特定的语境。比如,孔子不谈论鬼神,但也不否认鬼神的存在。在《论语·雍也》中,孔子指出:"务民之义,敬鬼神而远之,可谓知矣。"由此可见,孔子对鬼神的态度是十分谨慎的,是存而不论,说不好就不说。春秋时代的迷信和鬼神之风盛行,孔子却倡导以人为本,不盲目崇拜鬼神,可以说他是时代的先知先觉者。

综合观孔子的"不语怪、力、乱、神",我们可以看出:孔子在主动地回避这类问题,因为这类问题与儒家的正统思想相冲突。在孔子看来,"怪、力、乱、神"都不是儒家的正道,这些东西只会把人们的思想搞乱,因此也就根本没有谈论的价值了。

[闲话人生]……

让死者说话　一个妇女求助于当地一名巫医,希望能与她死去的祖母说话。巫医的眼皮开始不停地跳,手开始在桌子上摸索,然后开始用颤抖的声音呻吟着,最后,一个连贯的声音开始说话了:"我的孙女,是你吗?"

妇女吃惊地回答:"祖母,是您吗?"

"是的,我在这里。"

"真的，真的是您吗，祖母？"妇女重复着问。

"真的是我，我的孙女。"

妇女看起来很疑惑，她又问了一句："祖母，您真的确定这是您吗？"

"我确实是你的祖母，我可怜的孙女。"

妇女停了一会儿，最后说道："那么，祖母，我有一个问题想问您。"

"孩子，你可以问任何问题。"

"亲爱的祖母，您什么时候学会说英语了？"

[心灵捕手]……

多做些实际的事业

所谓的巫医自视能"通灵"，利用妇女一时的迷信心理，扮演着"让死者说话"的把戏，结果却被妇女的清醒认知所拆穿。故事的发展会怎样，我们无法定论，也许巫医还会借着"祖母"的身份自圆其说，也许会聪明地住口，坦白自己的骗人伎俩。

人们之所以会被鬼神之说所蒙蔽，归根到底在于对未知事物的敬畏心理。孔子"不语怪、力、乱、神"，实在是一种明智之举。其实，生活中装神弄鬼的事很多，其中的蒙骗伎俩也没有多高明，只要我们清醒地擦亮眼睛，便能将它识破，远离愚昧。如今天的很多行骗短信，只要我们绝不回复，不予理睬，就根本没有被骗的可能。面对未知的、不符合规律和反常的事物，"不语"和"不理"，是远离这些不利影响的最有效手段。多做些实际的事业，才是明智之举。

知者不惑，仁者不忧，勇者不惧

[原文]……

子曰："知者不惑，仁者不忧，勇者不惧。"选自《论语·子罕》

孔子说："聪明的人不会疑惑，仁德的人没有忧愁，勇敢的人无所畏惧。"在这句话中，孔子明确界定了智、仁、勇的特征。

[名师讲谈]……

孔子在这里提出了智、仁、勇三种美德，而在《论语·宪问》中，孔子也说了这个意思，只是语序有些不同。在《论语·宪问》中，子贡认为老师孔子就是具备智、仁、勇三种品德的君子。子贡是孔子的得意弟子，长期追随孔子，又以能言善辩而闻名，所以他说的话还是很有道理的。

孔子确实是个智、仁、勇兼备的君子，虽然他自己很谦虚，没有承认。孔子说自己"四十不惑"（《论语·为政》），不就是表明自己是个智者吗？孔子说自己"我欲仁，斯仁至矣"（《论语·述而》），不就是表明自己是个仁者吗？在《论语·述而》中，还有这样一个惊险的故事：孔子经过宋国，宋国的司马桓魋带兵要加害孔子，孔子却镇定地说："天生德于予，桓魋其如予何？"这不就是表明孔子是个勇者吗？

孔子三德兼备，多次以自己的言行现身说法，这就暗含着三德是不可分割的统一体。三德之中，仁是核心，智是知仁，勇是行仁。孔子说的"仁"是一种爱，其体现就是战国时期的孟子所说的"仁者爱人"。孔子倡导的是从人自身开始的爱，是推己及人的博爱，所以施爱予人的人总是快乐无忧的。孔子说的"智"，是一种大智慧。知识多的人不一定能解决人生的所有困惑，懂得爱的真谛者才是掌握了大智慧，方可对任何事都看得开，所以无惑。孔子说的"勇"，可不是不怕死的莽夫之勇，而是见义而为的勇气。孔子曾说："见义不为，无勇也。"（《论语·为政》）

这句话中还有三个关键词词：不忧、不惑、不惧。用现代的话讲，不忧是达观，不惑是明智，不惧是理性。所以，做到理智和达观，方为君子的超然境界。

[闲话人生]……

一休缚虎 日本的幕府将军足利义满，是一个十分高傲的人。他听说安国寺的小和尚一休以机智和通晓禅机而闻名天下，很不以为然，便设下一计，想让一休当众难堪。

一天，将军在府邸做好布置后，便派手下人把一休请来。等一休走进府邸，将军便指着屏风上画的一只猛虎，煞有介事地说："这只猛虎凶暴无比，真让我头痛，请聪明的一休师父用绳子把它绑起来吧！"

周围的人听了，都认为一休再怎么机智，也解决不了这个难题。

一休却不以为意，立刻卷起袖子，手拿绳子，来到屏风前，镇定地说："将军，我已经准备好了，请你把老虎赶出来吧！"

将军顿时语塞。

[心灵捕手]……

仁者必智

子曰："知者不惑，仁者不忧，勇者不惧。"在一休身上，就具备了这三种美德。

一休借用"以其人之道，还治其人之身"的方法，巧妙地化解了常人看来难以解答的题目，可谓"知者不惑"。面对大权在握的将军的无理挑衅，一休却不谄媚、不屈从，一身正气，可谓"仁者不忧"。一休在屏风前镇定自若，佯装缚虎之态，更是对将军的有力还击，可谓"勇者不惧"。

一休最终能获胜，从表面上看他靠的是随机应变的智慧，但从根本说却是一种维护自尊的骨气和护持佛法的正气，也就是俗话所说的"正能克邪"。

诚然，把三种品德都集于一身，一般人是很难做到的。不过，只要保持一颗仁心——心中所想是美好而正当的，即使面对生活中再大的困难，我们也要想方设法，运用自己的智慧和勇气，把它克服掉。

克己复礼为仁

[原文]……

颜渊问仁。子曰:"克己复礼为仁。一日克己复礼,天下归仁焉。为仁由己,而由人乎哉?"颜渊曰:"请问其目?"子曰:"非礼勿视,非礼勿听,非礼勿言,非礼勿动。" 选自《论语·颜渊》

颜渊请教孔子,怎样做才是仁。孔子回答:"克制自己,使言行都照着礼的要求去做,这就是仁了。一旦这样做了,天下的人就都称许你是仁人了。实行仁德,完全在于自己,难道还靠别人吗?"颜渊说:"请问践行仁的具体做法。"孔子说:"不合于礼的不看,不合于礼的不听,不合于礼的不说,不合于礼的不做。"在这里,孔子提出了"克己复礼为仁"的概念。

[名师讲谈]……

孔子的很多弟子,如颜回、司马牛等,也都向孔子请教过"何为仁"。可是,孔子的回答却各不相同。这倒不是孔子故弄玄虚,而是他根据弟子们的不同资质和修养层次因材施教的结果。

这里的颜渊就是颜回。颜回在孔门弟子中资质属于上等,品德修养是最高的,所以孔子的回答切中"仁"的本质,属于对"形而上"问题的解答。

一开始,孔子的回答很简单:"克己复礼为仁。"一般而言,对"克己"的解释是：战胜自我，克制私欲与自我意识。而对于"复礼"，争议比较大。有人说，孔子是要恢复周礼，也就是恢复奴隶制，是在开历史的倒车。也有人说，这里的"礼"其实是一种广泛意义上的道德准则，不能等同于周礼。关于"克己复礼"，《左传》上也有相关的记载："仲尼曰：'古也有志：克己复礼，仁也。'"可见，"克己复礼为仁"是孔子引用了前人的话，并赋予了新的含义。因此，第二种解释应该是比较接近孔子所要表达的意思的。颜回很好学，他进一步向孔子追问具体修行仁的方法和要领，即"敢问其目"。孔子的回答就是"四勿"："非礼勿视，非礼勿听，非礼勿言，非礼勿动。"这是对"克己复礼"的最基本要求。换句话说，不合乎礼的坚决不做，合乎礼的则一定践行，这样就能做到"仁"了。

如今，似乎没必要"克己复礼"，但"克己合礼"还是应该的，即使个人言行约束在社会道德之内，仍是"放之四海而皆准"。

[**闲话人生**] ……

三只白母鸡和一只黑母鸡　有三只白母鸡和一只黑母鸡生活在一起，其中只有黑母鸡会生蛋。

一天，黑母鸡生了九个白色的蛋，准备孵小鸡。三只白母鸡见了，便七嘴八舌地议论起来。一只说："黑母鸡生的都是白蛋，太单调了，不符合美学搭配的原则。"另一只说："哼，看那些鸡蛋，一点儿特色也没有，要是我一定不是这样。"最后一只说："看那些鸡蛋一头大来一头小，一点儿也不规范。"黑母鸡一声不响，仍旧用心孵小鸡。二十天后，九只毛茸茸的小鸡破壳而出，亲昵地围在黑母鸡身边。这时，黑母鸡对那三只品头论足的白母鸡说："你们无论怎么说，也不会拥有我的快乐。"

[心灵捕手]……

讲礼，也要讲理

喜欢对别人指手画脚，是某些人的一种恶习。这些人本身做得并不怎么样，却总认为自己高人一等，并以此为根据对别人指指点点。结果呢？那些恶意嘲弄别人的人，往往也被事实和别人所嘲弄。这种指手画脚的行为就像一面镜子，既照出了他们不道德的一面，又显示出了他们的无知本相。

作为社会成员，每个人都有自己的位置和应尽的责任，只有在社会道德、法制的约束下，才能求得共同的发展。恶意攻击他人，除了获得一时的心头之快外别无所得，反而有失为人的根本，也会有碍自身的发展，既失礼又无理；以礼待人，以理论事，不仅能带给彼此愉悦的心理感受，还能带给自己的事业实质性的益处，那么，何乐而不为呢？

举直错诸枉，能使枉者直

[原文]……

樊迟问仁。子曰："爱人。"问知。子曰："知人。"樊迟未达。子曰："举直错诸枉，能使枉者直。" 选自《论语·颜渊》

樊迟问孔子什么是仁。孔子答道："爱人。"樊迟又问孔子什么是智。孔子答道："善于识别人。"樊迟没有想明白。孔子便解释说："把正直的人提拔出来，使他们的地位在邪恶的人之上，就能使邪恶的人变得正直了。"在这段话中，孔子对"仁"和"智"的解答具有知人论世的意义。

[名师讲谈]……

这段讲的是樊迟向孔子请教"仁"和"智"的故事。

对于第一个问题，孔子回答"仁"是"爱人"，即做人要有爱心，要懂得尊重别人、爱护别人。对于第二个问题，孔子回答"智"是"知人"，就是要学会鉴别人，要理解别人。由于樊迟不明白，孔子又说出了一番提拔正直之人而疏远邪恶之人的道理。这回樊迟该明白了吧？可惜，还没有。据下文，樊迟退出老师的房间，又向同学子夏请教了"举直错诸枉，能使枉者直"的含义。子夏列举了两个历史事例作为回答："舜有了天下，在众人中把贤人皋陶挑选出来，那些坏人也就难以存在了。汤有了天下，在众人中把贤人伊尹挑选出来，那些坏人也就难以存在了。"

需要注意的是，孔子对弟子的提问采取的是因材施教的方式，有时对同一个人在不同时期提出的同一个问题，回答的内容也有所不同。关于樊迟问"仁"和"智"，《论语·雍也》中就还有一处："樊迟问知。子曰：'务民之义，敬鬼神而远之，可谓知矣。'问仁。曰：'仁者先难而后获，可谓仁矣。'"在《论语·雍也》中，孔子向樊迟指出："智"就是使人们懂得义，并谨慎地对待鬼神；"仁"就是先做事再谈到享受，不能坐享其成。

虽然《论语》的很多章节没有交代孔子说话的情境，给后世的解读和诠释带来了一定困难，但我们还是能通过分析有关章节来揣测孔子话语中的意思。结合这两个文段，我们可以看出：孔子对樊迟说的"仁"，不单是爱现世的人，也包括躬身做事的态度——"先难而后获"；孔子对樊迟说的"智"，不单是了解现世的人，也包括对未知事物的谨慎态度——"敬鬼神而远之"。由此可见，孔子的仁智观都是为现世服务的，体现了一种朴素的人文关怀和务实精神。

[闲话人生]……

你才是猪　一天，小胖在山间小路上驾驶着小汽车。正当他悠闲地欣赏路旁的美丽风景时，突然迎面开来了一辆货车，而且那个货车司机还摇下窗户，对小胖大喊一声："猪——"小胖越想越生气，于是他也摇下车窗，回头大骂道："你才是猪！"刚骂完，他的小汽车便迎头撞上了一群过马路的猪。

[心灵捕手]……

有容乃大

　　孔子曾经说过，仁者爱人，智者知人。可真正做到这两点实在是很难的，故事中的两个人就是如此。

　　货车司机本着"仁者爱人"的原则，向开车的小胖提醒路况，结果好心没有好报，反而挨了小胖的骂；小胖误会了货车司机的好意，便恶语伤人，没有做到"智者知人"，结果出了车祸。这个故事是在说好人难做。

　　两个人产生误解，问题出在哪里呢？如果我们从接受者的角度看问题，就不难看出：误解源自不理解。在人际交往中，良好的沟通和互动建立在互相了解的基础上。如果彼此都有一颗包容的心，包容他人的一些"不敬之言"和"妄为"，耐心倾听他人的想法或建议，便能更好地认识并理解他人，在彼此的交流中产生共鸣，更加有助于事情的解决。

　　包容是一种胸怀。仁者爱人，故能包容别人；智者知人，故善于包容。

君子求诸己，小人求诸人

[原文]……

子曰："君子求诸己，小人求诸人。" 选自《论语·卫灵公》

孔子说："君子严格要求自己，小人则苛责他人。"这是中国古代儒家提倡的为人处世的基本原则。

[名师讲谈]……

在这句话中，我们可以看出孔子是提倡"君子求诸己"的，即君子做任何事都是严格要求自己的。

要深入理解孔子的原话，我们必须抓住两个方面。一方面，所谓"求诸己"，就是有矛盾、有问题先从自身检查，要学会自我批评。另一方面，所谓"求诸人"，就是自己的眼睛只盯着对方，一味责备对方的缺点、错误和不足，而不进行自我检讨。凡事"求诸己"的人，就会责己严而责人宽；凡事"求诸人"的人，就会责己宽而责人严。很显然，前者在人际交往中给别人预留的空间更大，在处理问题时，自己才会做到游刃有余。"君子求诸己"，说白了，也就是要求人学会自律，学会反躬自省。

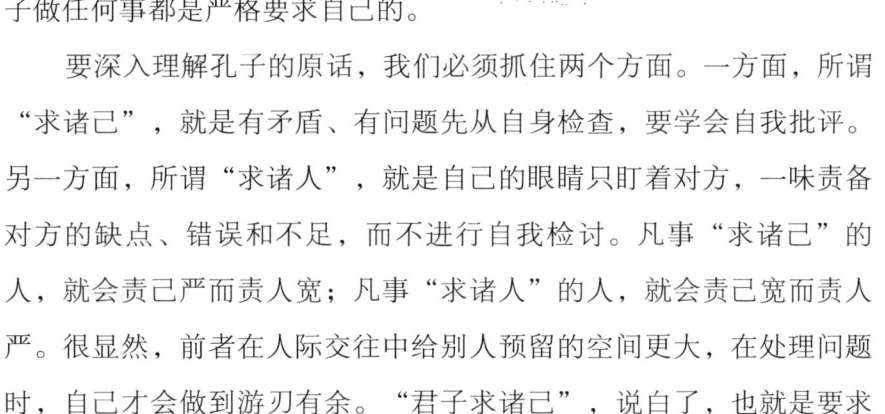

因此，"求诸己"成为人际交往中的一项重要原则。如果不涉及大是大非的原则问题，在一般情况下，"求诸己"是每个人都应该采取的基本态度。在矛盾纠纷面前，双方都能从自己方面进行检查，责己严而责人宽，才有利于矛盾的化解和人际关系的和谐；反之，就只会使矛盾激化，给双方都带来不必要的损失和麻烦。相声演员马志明的相声作品《纠纷》，就很形象地说明了这个问题。起初，王德成和丁文元二人为自行车轧脚的小事而争执起来，乃至闹到了派出所，后来在民警的调停下，二人展开了自我批评，彼此都"求诸己"，结果很快化解了矛盾，还"不打不相识"，成为了好朋友。

战国思想家孟子继承了孔子"求诸己"思想，把它推广到更深远的知人论世的层次。孟子是这样说的："行有不得者皆反求诸己，其身正而天下归之。"（《孟子·离娄上》）孟子认为，一个人只要学会反躬自求，不断调整和改善自己和他人的关系，就能得到别人和社会承认和接受，乃至赢得天下的民心。孟夫子的话不免有夸大之嫌，但懂得了"求诸己"，对促进社会和谐、改善人际关系，还是具有积极意义的。

[闲话人生]……

谁的责任　在某企业的季度会议上，营销部经理说："最近销售不好，我们有一定的责任。但主要原因是，对手推出的新产品比我们的好。"研发经理"认真"总结道："最近推出的新产品少是由于研发预算少。就这么一点预算还被财务部门削减了。"财务经理马上接着解释："公司成本在上升，我们没钱。"这时，采购经理跳起来说："采购成本上升了10%，是由于俄罗斯一个生产铬的矿山爆炸了，导致不锈钢价格急速攀升。"于是，大家异口同声地说："原来如此。"最后，人力资源经理终于发言："这样说来，我只好去考核俄罗斯的矿山了？！"

[心灵捕手]……

多"求诸己",少"求诸人"

故事中,面对公司业绩不理想的状况,各部门经理不承担自己应承担的责任,而是互相推诿,最后竟将责任推到"俄罗斯的矿山"上了,真是荒谬之极。这样的会议不开也罢,只会增加笑柄。

人生中难免遭遇一些挫折,人与人相处时难免会发生种种纠纷和冲突,如果人人都像故事中的经理一样"求诸人",结果什么问题都解决不了,只会增加彼此之间的怨气,最终也会影响个人的发展。"求诸人"实在是一种消极的处世态度。

"求诸己"又会怎样呢?如果遇事先想想自己的责任,从自身查找原因,便能明确自身怎样做才会有利于问题的解决,进而对自己提出要求并力求做到,再去要求别人。如果人人都能做到先"求诸己",问题也就不难解决了。

"求诸己"是一种积极的处世态度,它是一个人立身处世的根本立足点。如果你想获得更大的发展空间,就请多"求诸己",少"求诸人"吧。这样,你的人生境界也会跃入高层次。

己所不欲，勿施于人

[原文]……

子贡问曰："有一言而可以终身行之者乎？"子曰："其恕乎！己所不欲，勿施于人。"选自《论语·卫灵公》

子贡问道："有没有可以终身奉行的一句话呢？"孔子说："那大概就是'恕'吧！自己不喜欢做的事情，就不要强加在别人身上。"孔子在这段话中提出了恕道，他认为恕道是人们可以奉行终身的处世原则。

[名师讲谈]……

"己所不欲，勿施于人"是孔子的名言，也是他终生倡导的儒家思想。在《论语·卫灵公》中，这句话阐述的是"恕"的理念。而在《论语·颜渊》中，弟子仲弓向孔子问仁，孔子也提到了这一句。子曰："出门如见大宾，使民如承大祭。己所不欲，勿施于人。在邦无怨，在家无怨。"在这段话中，孔子阐释的是"仁"的理念。综上可见，孔子是以"恕"来解释"仁"的。

另外，"恕"也常与"忠"并提，成为孔子终生倡导的理念。曾子将其总结为："夫子之道，忠恕而已。"（《论语·里仁》）南宋大儒家朱熹在《论语集注》中进一步明白地指出："尽己之谓忠，推己之谓恕。"推己，就是推己及人。这也就是子贡所说的："我不欲人之加诸我也，吾亦欲无加诸人。"（《论语·公冶长》）孔子倡导的忠恕之道，是对己和待人的基本原则。要做到忠恕，就要掌握"推己及人"这一思想。自己愿意做的事情，帮人家也做到，就是"己欲立而立人，已欲达而达人"；自己不愿意做的事情就不要加强于人，就是"己所不欲，勿施于人"。

孔子倡导的思想是仁学，而仁的基本要义就是"爱人"。那么，如何"爱人"？简单地讲，从推己及人做起就可以了。如果你的心里装着别人，能够将心比心，设身处地为别人着想，你就懂得爱别人，也就是在行仁道了。

对于推己及人的思想，战国的孟子也在其著作中极力推崇。《孟子·梁惠王上》中讲道："老吾老以及人之老，幼吾幼以及人之幼。"这句话的意思是：在赡养孝敬自己的长辈时不应忘记其他与自己没有亲缘关系的老人，在抚养教育自己的小辈时也不应忘记其他与自己没有血缘关系的小孩。

孔子用推己及人的思想行"仁"，孟子用推己及人的思想行"仁政"。可见，推己及人的思想不但是儒家理论的思维逻辑，也被儒家视为修身治世的良方。

推己及人的思想为儒家所提倡，但不应成为儒家的专利，我们在现实社会生活中也可用之，即将推己及人作为社会公德的基础。比如，一个人在做任何事时，都应该替别人想一想：我做的这件事会对别人产生什么样的影响？在别人的心中，是不是也有我这样的要求呢？如果我这样做了，别人会有怎样的感受呢？学会推己及人，学会换位思考，很多问题也就迎刃而解了。

推而广之，推己及人也可以成为全人类普遍遵行的社会生活准则。孔子在两千多年前提出的"己所不欲，勿施于人"，被誉为处理国际关系的"黄金法则"，已经被镌刻于联合国总部的大厅。世界是多元的，宗教问题、民族问题、政治问题错综复杂，而"己所不欲，勿施于人"的观点被各种宗教、各种民族、各种文化所接受，正昭示了中华传统文化在世界范围内的强大生命力。

[**闲话人生**] ……

青蛙和老鼠　青蛙很厌恶自己的老鼠邻居，总想找个机会收拾它。

一天，青蛙假意邀请老鼠到水里玩，老鼠不敢。青蛙说它有办法保证老鼠的安全，老鼠就同意了。

于是，青蛙找来一根绳子，把自己和老鼠连在了一起。青蛙带着老鼠下了水，便大显威风，时而游得飞快，时而潜入水底，把老鼠折腾得死去活来。

老鼠被灌了一肚子水，漂浮在水面上。青蛙见了，心里得意极了。可它还不知道，祸事马上就要降到它身上了。

这时，一只鹰在空中盘旋着，正在寻找食物。它发现了漂浮在水面的老鼠，就一把抓了起来，结果那根绳子把青蛙也带了出来。鹰吃掉老鼠后，又把嘴伸向了青蛙。

青蛙在被鹰吃掉前懊悔地说："没想到，我害了别人，却把自己也给害了。"

[心灵捕手]……

善待别人就是善待自己

　　子曰："己所不欲，勿施于人。"春秋圣贤孔子教导我们，要学会以人之心推己，以己之心推人。故事中的小青蛙只顾自己的一时得意，害了老鼠，也害了自己，最终悟到了"害人终害己"的道理，可那已是太晚了。

　　我们生活在一个竞争日益加剧的社会，竞争使社会发展，竞争也使很多人产生隔阂，甚至对立。但别忘了，竞争是有规则的，做人也是有道德底线的。"己所不欲，勿施于人"，就是我们的道德底线。一个人以非法手段去对付别人，就是突破了道德底线，这时他就有可能踏进失败的门槛。

　　人同此心，心同此理。一个人没有理由虐待自己，所以同样没有理由轻视每一个同类和异类，即使他不是你的朋友。一个人在尊重他人的过程中获得他人的尊重，也在善待异己的过程中提升了为人处世的境界。

君子有九思

[原文]……

孔子曰："君子有九思：视思明，听思聪，色思温，貌思恭，言思忠，事思敬，疑思问，忿思难，见得思义。" 选自《论语·季氏》

孔子说："君子有九种要考虑的事：看的时候，要考虑看清楚没有；听的时候，要考虑听清楚没有；自己的脸色，要考虑是否温和；举止，要考虑是否谦恭；说话的时候，要考虑是否忠诚老实；办事的时候，要考虑是否严肃认真；遇到疑问，要考虑怎样向别人请教；即将发怒的时候，要考虑是否有后患；取得财货的时候，要考虑是否合乎义的原则。"在这段话中，孔子提出了"先思而后行"的处世原则。

[名师讲谈]……

"九思"包括了君子的言行举止中的九个方面。孔子认为，君子的一言一行都要认真思考和自我反省，也就是"先思而后行"。

一是"视思明"，既要分清眼前的东西，也要把世上的人和事看得透彻。我们都盼望自己拥有一双慧眼，能把这个纷扰的世界看得清清楚楚、明明白白、真真切切。二是"听思聪"，既要听清自然界的风雨，也要听清社会的风雨。君子要善于倾听不同的声音，要听得出对与错、利与害，还要听清话外音、言外意。人首先要做好一个倾听者，才能做好一个说话者。三是"色思温"。谦谦君子，温润如玉。君子应该保持一种平和的心态，要有"风光霁月"的襟怀，要有"虚怀若谷"的气度，要有"泰山崩于前而色不变"的镇静沉稳。君子的情商高，因为他更善于调控自己的情绪。四是"貌思恭"。谦恭是一种朴素的美德。尊敬别人的人，才能得到别人的尊敬。五是"言思忠"。一个人，要对自己的话负责，也要对自己的心忠诚。言行一致者，人人乐交；心口不一者，人人厌恶。六是"事思敬"。工作无大小，敬业要当先。同是撑船的人，懂得"敬"字的，"大海里使得万年船"；不懂得"敬"字的，"阴沟里也会翻船"。七是"疑思问"。遇到疑问，请教师友，学问方能长进。孔子进庙堂，"每事问"，终成礼学大家。牛顿能够"站在巨人的肩膀上"搞研究，所以成为科学巨匠。八是"忿思难"。君子要克制自己的过激情绪。愤怒容易让人失去理智，引发冲突，做出错误决定，从而导致失败。九是"见得思义"。"义利之辩"是儒家思想的一大命题。孔子提倡"君子爱财，取之有道"，在有利可得的时候，需要思考取利是否符合道义。

　　总之，孔子的"九思"启示我们：凡事想好再去做，坚持原则，就会少犯错。

[闲话人生] ……

找到手表的孩子　夜晚，一个木匠正在屋里做工，不小心把手表掉到了满是木屑的地上。他不断拨动地上的木屑，想找出那只心爱的手表，却怎么也找不到。他的同伴也都提了灯，和他一起寻找，可找了半天，还是一无所获。

等所有的大人去吃饭的时候，木匠的儿子悄悄地走进屋子，只用了一会儿工夫就把手表找到了。

木匠惊奇地问儿子："你是怎么找到的？"

儿子回答："既然人找不到手表，为什么不让手表来找人呢？我只是静静地坐在那里，一会儿就听到'滴答、滴答'的声音，因此就知道手表在哪里了。"

[心灵捕手]……

学会"倾听"

《论语·季氏》中说："视思明，听思聪。"简明的道理，说起来容易，做起来难。小故事中，木匠们打着灯笼也找不到的手表，木匠的儿子却轻而易举找到了，只因为他懂得用心倾听，先思而后行。

在纷杂的世界中，我们往往很容易被外在的物象所迷惑。一些人——就像提灯找手表的木匠们，只知道狂热地追逐，却让烦乱的情绪扰乱了内心，迷失了自我，从而"视而不见"。这些人总是从外物出发考虑问题，故而常常穷于应对，导致心力交瘁。如果我们换个角度，像那个木匠的儿子一样，多倾听内心的声音，经过思考再决断，一些问题往往就迎刃而解了。

学会"倾听"，使自己安静下来，不为外界纷杂的表象所扰，让手表自己现身说法。

子张问仁于孔子

[原文]……

子张问仁于孔子。孔子曰:"能行五者于天下,为仁矣。"请问之。曰:"恭、宽、信、敏、惠。恭则不侮,宽则得众,信则人任焉,敏则有功,惠则足以使人。" 选自《论语·阳货》

子张向孔子请教仁。孔子说:"能够处处实行五种品德,就是仁人了。"子张向他请教。孔子说:"恭敬、宽厚、诚实、勤敏、慈惠。恭敬就不致遭受侮辱,宽厚就会得到众人的拥护,诚信就会得到别人的信任,勤敏就会提高办事效率,慈惠就能够使唤人。"在这段话中,孔子对"仁"的概念进行了细分,即"恭、宽、信、敏、惠"五项道德原则。

[名师讲谈]……

在这里,孔子把"恭、宽、信、敏、惠"等五种品德作为"仁"的重要内容。这五种品德,是孔子向弟子子张讲的。从行文的词语特征分析,大概是对为官从政来说的。语段中的"天下""得众""人任""有功""使人"等词语,不都露出这类端倪了吗?况且,"仁"一向是孔子追求的从政理想。战国的孟子发扬了孔子"仁"的思想,进一步明确提出了"仁政"的思想。可见,"仁"和政治的关系也是极为密切的。

虽说这段话的"政治性"很强,但从某种角度讲,确实对为人处世也有很强的指导意义，因此也适用于普通人。下面，对每条逐一进行简要解读。

一、恭则不侮。你对别人恭敬有礼，别人也会对你礼貌有加，这是社交中的礼貌常识。如果你对别人说"你好"，别人肯定不会无缘无故骂你一句吧？学会尊重人，就不会受辱，收获的只能是被尊重。

二、宽则得众。宽，就是要有容人之量，要有海纳百川的气度。弥勒佛整天笑嘻嘻的，"大肚能容，容天下难容之事"，一副宽厚大度的样子，所以人们走进庙里，总要对他多看几眼。

三、信则人任焉。讲诚信的人，人们都信任他。商人讲"诚信经营"，顾客才会多，生意才有"人气"。生活中的诚信君子，大家都信得过他，愿意和他讲知心话，找他办事放心。

四、敏则有功。敏，就是勤敏的意思。敏而好学的人，获得的知识多；勤劳工作的人，获得的报酬多，多劳多得嘛。《三字经》中的"勤有功，戏无益"，和"敏则有功"的意思相当。

五、惠则足以使人。慈惠才能役使人。从受惠者的角度讲，为恩人、仁者效力，也是义不容辞的。施惠者未必图报，但受惠者必当有所报。

[闲话人生]……

小男孩与乌龟　有个小男孩养了一只乌龟。一个冬日，小男孩想让这只乌龟探出头来。他使用了很多方式：试着用手去拍打它，用棍子敲击它……可无论如何，乌龟就是一动不动，小男孩气得撅起了小嘴。

小男孩的祖父看到了，就把那只乌龟放到一个暖炉上面。过了一会儿，乌龟渐渐地把头、四肢和尾巴伸出了壳外。小男孩见了，开心地笑了。祖父认真地对小男孩说："当你想让别人按照你的意思行事时，记住不要采取攻击的方式，而要给予关怀和温暖，这样的方法才更有效。"

[心灵捕手]……

待人不妨"微软"一点

某些人想让别人听取自己的建议，或者要求别人按自己的意思去做，常常采用一些激烈的话语和手段，就像故事中那个性急的小男孩一样。可是，效果怎么样呢？往往是不尽如人愿，甚至适得其反。

其实，待人不防"微软"一点儿。兵法云："攻城为下，攻心为上。"如果你能适时、适度地给予别人一些关怀和温暖，那么不但不会使你的建议打折扣，反而还会使你的言语与理念更能深入人们的内心深处。

孔子曰："惠则足以使人。"所谓待人"微软"一点，就是要懂得用"惠"。这种惠不能简单视为小恩小惠，而是对别人真正的帮助和爱护。如果你拥有慈惠之心，真诚地在精神上肯定他人的价值，在物质上施与他人援手，你就能够让别人心悦诚服地接受你的意见了。

好仁不好学，其蔽也愚

[原文]……

好仁不好学，其蔽也愚；好知不好学，其蔽也荡；好信不好学，其蔽也贼；好直不好学，其蔽也绞；好勇不好学，其蔽也乱；好刚不好学，其蔽也狂。　选自《论语·阳货》

爱好仁德却不爱好学习，其弊病是易受人愚弄；爱好智慧而不爱好学习，其弊病是思想荡无所守；爱好诚信却不爱好学习，其弊病是受害于物；爱好直率却不爱好学习，其弊病是说话尖刻；爱好勇敢却不爱好学习，其弊病是犯上作乱；爱好刚强却不爱好学习，其弊病是狂妄胡为。在这段话中，孔子谈了"六蔽"，强调学习对修正人的品德具有重要作用。

[名师讲谈]……

"六蔽"，指六种不学之弊。"蔽"，通"弊"，指弊病。

这一段是孔子教育学生子路的话。孔子认为，仁、知（智）、信、直、勇、刚虽然是六种好品德，但如果不学习、领悟，而凝滞于一端，就不能通明事理，反而滋生恶习，对品德修养产生恶劣的影响。

下面，就是孔子对子路的谆谆教诲：

"好仁不好学，其蔽也愚。"行仁不当，便是愚昧之举。比如，在《农夫和蛇》这则寓言中，那个农夫好心救了毒蛇，反而被毒蛇咬死了，就是个典型的例子。滥行仁义者而终尝恶果，世间仍不乏这样的农夫。

"好知不好学，其蔽也荡。"知，就是智。荡，意思是思想荡无所守。凡事好要小聪明，只知显摆自己的本事，就会忽视道德的规范，从而放荡无礼。《三国演义》中，曹操杀杨修的理由中很重要的一点就是杨修恃才放旷，把他这个丞相的"光芒"给掩盖了。

"好信不好学，其蔽也贼。"贼，一般作"害"字讲。古时有个信士名叫尾生，与一个女子私会在桥下。女子因事未至，尾生坚守诺言，抱桥柱不离，因而被洪水淹死。尾生好信而亡身，其弊端就在于不知变通。

"好直不好学，其蔽也绞。"《论语·泰伯》有一章说："直而无礼则绞。"正直是美德，但也要考虑方式、方法并合乎道义，否则也会伤己、伤人。

"好勇不好学，其蔽也乱。"《论语·阳货》里有一句："君子有勇而无义为乱。"只知好勇斗狠而犯上作乱，其弊端在于不学义。

"好刚不好学，其蔽也狂。"为人只好刚而不好学，便会用过激的言行触怒他人，不利内部团结，有碍人际关系。

仁、知（智）、信、直、勇、刚六种品德，各有其表现的方式和依据的道理，只有明辨事实，弄清道理，才能避免其弊，"庶几无大过矣"。

[闲话人生] ……

狼与鹭鸶　狼不小心吞下一块骨头，卡在喉咙里，十分难受，便四处奔走，寻访医生。狼遇见了鹭鸶，便恳请鹭鸶为自己取出骨头，并许下丰厚的酬金。鹭鸶把自己的头伸进狼的喉咙里，叼出了那块骨头，便向狼索要定好的酬金。狼却冷冷地回答："喂，朋友，你能从狼的嘴里平安无事地把头收回来，难道还不满足吗？怎么还想要酬金？"

[心灵捕手] ……

仁义要有价值

这个故事是说，对坏人行善、施仁义，不但没有回报，反而还会受辱。

孔子也说过："好仁不好学，其蔽也愚。"一个人不懂得学习，不会具体问题具体分析，滥施仁义，就会变成傻子。施仁义不以求得回报为目的，但也要有的放矢，使仁义有价值。孔子提出了著名的"六蔽"理论，除了仁，还包括知（智）、信、直、勇、刚等五种品德。他强调一个人的品质是要通过努力学习去完善的，如果不善于运用，即使你有仁、知（智）、信、直、勇、刚这样的美德，也照样会出现大的弊病，就像人们常说的那样，"真理若跨过一步就会成为谬误"。

推而广之，任何品德都是需要学习才能真正把握其精髓的，在学习中领悟，在学习中身体力行，在学习中不断完善，这样你的品德修养也在不断地提升了。

君使臣以礼，臣事君以忠

[原文]……

定公问："君使臣，臣事君，如之何？"孔子对曰："君使臣以礼，臣事君以忠。" 选自《论语·八佾》

鲁定公问孔子："君主应该怎样使唤臣子，臣子应该怎样事奉君主呢？"孔子回答："君主应该按照礼的要求来使唤臣子，臣子应该忠心地事奉君主。"在这段话中，孔子明确提出了君臣之道："君使臣以礼，臣事君以忠。"

[名师讲谈]……

这一章讲的是孔子心中的君臣之道。关于君臣之道，孔子在回答齐景公问政时，曾提出："君君，臣臣，父父，子子。"（《论语·颜渊》）其中，孔子并没有明确提出君当如何为君、臣当如何为臣。而在本章，孔子明确提出"君使臣以礼，臣事君以忠"的观点。

孔子认为：君应当以礼使臣，凡事当依国家所定的规矩而行；臣应当以忠事君，要尽其应尽的职责，要爱岗敬业。君臣只有各尽其道，做好自己应做的事，彼此之间才会和谐相处，处理国家政事才会顺畅有序。

从本章的语境来分析，孔子更侧重对君的要求，强调君应该依礼待臣。这是沿袭孔子历来的从政思想的，如："其身正，不令而行；其身不正，虽令不从。"（《论语·子路》）可是，后世封建统治者出于政治需要，对孔子的君臣之道进行了曲解——即使君无礼，臣也应尽忠，以至发展到愚忠。南宋抗金名将岳飞被宋高宗的十二道金牌召回朝廷，最终屈死在风波亭，就是中了愚忠的毒。

战国的孟子发展了孔子的很多观点，在君臣之道上，他更将其详细地表述为："君之视臣如手足，则臣视君如腹心；君之视臣如犬马，则臣视君如国人；君之视臣如土芥，则臣视君如寇雠。"（《孟子·离娄下》）在孟子看来，君臣之间的合作关系是相互影响的，而且君的态度决定了臣的态度，甚至君主无德，臣也可以公然反对。孔子没有孟子那样激烈，未必同意"视君如寇雠"的观点。不过，再看看孔子原话的反面："君使臣以无礼，臣事君以不忠。"对无礼的君主，臣也没必要尽忠。孔子大概不会公然反对昏君，但依其性格也会采取"非暴力不合作"的态度吧。

历史发展至今，君臣已成历史名词。但是，孔子的君臣之道在现代生活中，也还是有一定借鉴意义的。这时的"道"便是职责、责任，人际的和谐需要交往双方各尽其道、默契合作，才能避免矛盾和冲突的发生；事业的发展需要团队成员各尽其道、团结协作。

[闲话人生]……

半途而废的通天塔　在遥远的古代，人们决定在巴比伦城中修建一座通天的高塔，来显示自己的威名。由于大家语言相通，指挥者和建造者同心协力，最初通天塔修建得非常顺利，很快就高耸入云。上帝得知此事后，又惊又怒，因为他不能忍受凡人达到自己的高度。于是，上帝便让人们的语言发生混乱，使人们互相言语不通。

没有了共同的语言，人们的感情就无法交流，思想也很难统一。在建塔的过程中，指挥者和建造者之间各持己见，渐生猜疑，甚至争吵斗殴。从此，建塔的事就半途而废了。

[心灵捕手]……

同心山成玉，协力土变金

故事中的指挥者和建造者因语言不通而争执不休，最终导致建塔工程半途而废。可见，团结合作需要良好的心态，否则就会一事无成。

团队的上级好比指挥者，团队的下级好比建造者。团队上下有了默契，才能拧成一股绳，劲儿往一块儿使，从而创造团队的最佳绩效。

孔子说："君使臣以礼，臣事君以忠。"团队中的"礼"，就是团队的共识；团队中的"忠"，就是全员忠于团队的敬业精神。身为团队领导者，要严格要求自己，秉持公平、公正的精神，尊重成员的劳动并激发其积极性，凝聚团队的共识。成员也应贯彻团队的共识，爱岗敬业，把自己的一腔忠诚用到工作中。只有上下同心的优秀团队，才能最终建成团队的"通天塔"。

不在其位，不谋其政

[原文] ……

子曰："不在其位，不谋其政。" _{选自《论语·泰伯》}

孔子说："不在那个职位上，就不要考虑那个职位上的政事。"在这句话中，孔子强调为政者要各司其职、忠于职守。

[名师讲谈] ……

"不在其位，不谋其政"，是孔子著名的为政观点。这里的"位"，是"职位"的意思。而一个人的职位，就是一个人的名分。因此，这里就涉及儒家所谓的"名分"问题了。孔子是很重视名分的。孔子曾说过："名不正则言不顺，言不顺则事不成。"（《论语·子路》）名分不正当，话就不好说，事也难办成。

另外，孔子也是提倡"礼"的。如果一个人不在其位而谋其政了，则属越俎代庖之举，也就有僭越之嫌，因此是"违礼"之举。对"违礼"之举，孔夫子当然是深恶痛绝了。

综上两点，孔子之所以提出"不在其位，不谋其政"，也就是告诫人们要"重位守政"（其思想内核为"重名守礼"），即人人都要"安分守己"，不做越权的事。春秋末期，这种观点在客观上反对"犯上作乱"，维护社会稳定，应该说是颇合当时的统治阶级胃口的。孟子说孔子是"圣之时者"，其评价还是比较中肯的。

这句话不但在春秋时期适用，在当今也有一定的积极意义。孔子强调"不在其位，不谋其政"，也就是从另一个角度主张"在其位，谋其政"。这对现代人的启发，就是：每个人都应当努力扮演好自己的社会角色，做好自己的本职——当官的当好官，种田的种好田，做工的做好工。

可是，这句话对后世也产生了一定的不良影响，尤其对民众漠视政治起到了诱导作用。当今社会，讲求民主政治。孔子教人不要沾政治的边，在当今显然有些不合时宜。在当今，即使"不在其位"，也可以"谋其政"。某大型水利工程到底建不建，除了听取水利专家的建议，环保人士、古建专家、民众等方面的意见也是被决策部门所考虑的范畴。因此，学习这句经典名句，我们要用辩证的眼光分析，为我所用，"择其善者而从之，其不善者而改之"。

[闲话人生]

老鼠、小鸟和香肠　森林里有一只老鼠、一只小鸟和一根香肠，他们共同生活在一起，日子过得很快乐。每天，小鸟从森林里叼来木柴，老鼠负责挑水、生火、放餐桌、收拾屋子，香肠则负责做饭。

一天，一只麻雀碰见了小鸟，挑拨道："你真傻，他们多轻松啊！你总是干这种又脏又累的活儿，太吃亏了！"小鸟回到家后，就提议换工作。结果，香肠去拾柴，老鼠来做饭，小鸟负责挑水之类的差事。

第二天清早，香肠外出拾柴，不料被狗吃掉了。老鼠在做饭时学着香肠的样子跳进锅里，可还没来得及翻身，便被烫死了。小鸟伤心欲绝，后悔至极。

[心灵捕手]……

准确定位人生

有人说：人生就像一场戏，每个人都是戏中的一个角色。不过，只有少数的人做主角，绝大多数人还是做配角的。

故事中的小鸟受到麻雀的挑拨，不甘心做配角了，于是大闹岗位调动，没想到，却给两个朋友带来了灾难，也使自己沉浸在永远的自责和痛苦之中。小鸟不懂"不在其位，不谋其政"的道理，因此才导致悲剧的发生。

何为"位"？何为"政"？我们不妨把"位"看成是一种社会角色，把"政"看成是该社会角色的职能体现。如果你不具备相应的能力，就贸然"坐"在那个不适合自己的位子上，当然就无法"坐"稳、"坐"长了。与其好高骛远，盯着别人那"高高在上"的位子，不如埋下头来，在适合自己的位置上尽其所能，创出一片自己的天空，活出自己的精彩来。

大德不逾闲，小德出入可也

[原文]……

子夏曰："大德不逾闲，小德出入可也。"选自《论语·子张》

子夏说："人在大的节操上不能逾越一定的界限，在小节上可以稍稍放松一下要求。"在这里，子夏指出君子在对待大节和小节的问题上应坚持抓大放小的原则。

[名师讲谈]……

子夏所说的大德就是大节，小德就是小节。他认为，君子应顾全大局，重视大节，而不应在细节上过分计较。北宋宰相吕端就是一个重大节而轻小节的人。

在小事上，吕端以"糊涂"而知名。一次，吕端刚担任参知政事（相当于副宰相），一个小官就不屑地议论道："这样的人竟然也当了副宰相！"吕端的随从很生气，要去查办那个人。吕端及时制止了随从，还说这是小事一桩，不必深究。

但在大事上，吕端却从不糊涂，特别是在安抚李继迁一事上。李继迁是党项族人，曾归顺朝廷，后来又背叛，并屡次骚扰北宋的西北边境。一次，宋军俘虏了李继迁的母亲。宋太宗决定处死李母，以惩戒李继迁。吕端却坚决反对，说："陛下今日杀了李母，明日就能捉住李继迁吗？如果捉不住，那就只能结下怨仇，更加坚定他的反叛之心。"太宗问他该怎么办。吕端回答："不如在延州（今陕西延安）

妥善安置李母，对李继迁实行攻心战，虽然不一定能招降他，但李母总还在我们的掌握中，对他也是一种牵制。"太宗连连称善。后来李继迁虽然未归降朝廷，但在他死后，他的儿子归顺了宋朝。

吕端在个人小事上装聋作哑，能够不念他人之恶，正说明他胸怀宽广，反映了其人品修养上的高尚境界。吕端在国家大事上不一味谀上，而是长远地看问题，也显示了他作为一个政治家的远见卓识。吕端能够抓大放小，以"大事不糊涂"为世人所重，不愧为千古名相。

当然，做名相的人是极少的，绝大多数的人还是普通人。可即使做个普通人，我们也要有君子风范。在这里，我们须体味子夏话中的深意：在做人上，我们要掌握大原则、看准大方向，在小事和细节上则不必苛求。

[闲话人生]……

还是命要紧　一个酒鬼摇摇晃晃地走出了酒馆门口。一个酒馆服务生提醒他："前面是马路，车辆很多的，你要小心啊！"酒鬼毫不在乎地摆了摆手，回头嘟囔了一句："不用你管，我……看谁敢撞我！"接着，他又摇摇晃晃地向前走。

到了马路上，酒鬼依然以"醉八仙"的步子走着。开汽车的人纷纷按喇叭，朝他发泄着不满，但还是不得不躲着他走。酒鬼更得意了："看你们谁敢撞我！"就在这时，一辆救火车呼啸着飞驰而来。酒鬼吓得站直了身子，一动不动。等救火车过去了，他才飞快地跑到街道上。一个路人笑话他："这次你怎么躲了？"酒鬼回答："大节上可马虎不得。"路人说："什么大节，还是命要紧吧！"

[心灵捕手]……

难得糊涂

酒鬼的一句"大节上可马虎不得"，道出了为人处世的要诀。这让人不觉又想起了清朝大画家郑板桥的名言——"难得糊涂"。

对郑板桥的名言，人们的理解可谓见仁见智：有人看到消极避世，有人看到达观洒脱。联系到大节和小节上，我们不妨把它看成是一个深谙世事者的人生大智慧。有些"聪明人"一辈子精明算计，个人的小算盘打得噼啪响，可一旦在大节上犯"糊涂"，就会一失足成千古恨。这些人的"聪明"，说到底还是小聪明。有些"糊涂人"在个人小节上往往为一般人所不解和诟病，可他们在做人的大节和重大问题的立场上却能够保持正直本色、坚持真理，显示出不同寻常的"聪明"。这些人的"聪明"，才是人生大智慧。郑板桥说的"难得糊涂"，实乃教人在大节上把好关，不做糊涂事。

所谓"大行不拘细谨，大礼不辞小让"。

后生可畏

[原文]……

子曰："后生可畏，焉知来者之不如今也？四十、五十而无闻焉，斯亦不足畏也已！"选自《论语·子罕》

孔子说："年轻人是值得敬畏的，怎么就断定后一代不如前一代呢？如果一个人到了四五十岁还默默无闻，那他就没有什么可敬畏的了。"在这句话中，体现了孔子"今胜于昔"的进步发展观。

[名师讲谈]……

关于"后生可畏"，民间流传着这样一则传说。孔子和他的学生驾着马车周游列国。一天，他们来到一座城池前。在城门不远的地方，一个六七岁的孩子用土石围成了一座"城"，把孔子的马车给拦住了。看到小孩根本没有避让的意思，孔子就问他："你难道不知道车子来了要让路吗？"那个孩子回答："自古至今，只听说车子要绕城走，没有听说过城还要避车子的。"孔子非常惊讶，于是赞叹道："你这么小的年纪，懂得的事理可真不少呀！"他又回头对自己的学生说："这就是后生可畏呀！"

这个传说，反映了孔子"后生可畏"的观点。可要对"后生可畏"有一个比较透彻的理解，还要结合本章的语境从正反两个方面来分析。

前一句，"焉知来者之不如今也？"这是正的方面，说明孔子对未来的一代新人充满了期许和鼓励。"后生可畏"这四个字，确实也鼓励了千千万万的年轻人，要珍惜宝贵的青春时光，掌握一身过硬的本事，以超越前人，推动社会的进步和时代的发展。

"四十、五十而无闻焉，斯亦不足畏也已。"这后一句是指相反的方面，它为虚度光阴者敲响了警钟。它警示世上的年轻人，如果浪费自己的青春年华，到中年的时候仍然默默无闻、一无所成的话，也就不值得敬畏了。

孔子提出了"后生可畏"的观点，表明他的思想有积极进步的一面，并不像有些人批评的那样：孔子只是抱残守缺，在开历史的倒车。俗话说，"青出于蓝而胜于蓝"，"长江后浪推前浪，一代更比一代强"，这些既是对"后生可畏"的生动而形象的注解，也表明人们相信后代的人一定会超过前代的人。

[闲话人生] ……

电灯的发明　一个小男孩问他的爸爸："做爸爸的是不是总比做儿子的知道得多呢？"

爸爸回答："那当然啦！"

小男孩又问："那么，电灯是谁发明的呢？"

爸爸回答："孩子，要记住，是爱迪生啊。"

小男孩又问："那么，爱迪生的爸爸怎么没有发明电灯呢？"

爸爸一时无语。

[心灵捕手]……

经验不等于智慧

喜欢倚老卖老的人，总是用过去的概念和理论来衡量现在的新增事实，不明白"世易时移"的道理，结果往往使自己陷入难堪的境地。殊不知，有时候经验并不等于智慧。

唐朝文学家韩愈说过："闻道有先后，术业有专攻。"知识和道理都是在积累与创新中不断发展的。因为学有"先后""专攻"之别，所以后学者不一定就不如先学者，甚至可以超越先学者，所以才有"后生可畏"之叹。故事中，父亲自认为父辈比子辈强的看法就有些不合事理了，所以他在儿子的反问下无言以对。

大家记得那位爱刁难学生的教书先生吗？他出上联讥笑抓痒的弟子："抓抓痒痒，痒痒抓抓，不抓不痒，不痒不抓，越抓越痒，越痒越抓。"

而这位不服气的弟子对道："生生死死，死死生生，想生不死，想死不生，先生先死，先死先生！"

这是一则笑话，但一方面调侃了先生的自以为是，另一方面也反映出学生不囿窠臼的机智。那句"先生先死，先死先生"也成为后生可畏的经典注脚。

治学篇

儒家经典的治学之道，为你铺设成才的终南捷径……

- 《论语》记载了孔子很多经典的治学观点，其影响历千年而不朽。

- 首先，孔子提倡快乐的学习态度。《论语》开篇第一句话就是："学而时习之，不亦说（悦）乎？"孔子还说："知之者不如好之者，好之者不如乐之者。"他主张只有把学习当成乐趣，才能取得最好的学习效果。

- 其次，孔子总结了很多有益的学习方法。他重视学和思的关系，说："学而不思则罔，思而不学则殆。"他认为，在学习上要避免犯主观上的错误，即"毋意，毋必，毋固，毋我"。他还主张学无常师："三人行，必有我师焉。择其善者而从之，其不善者而改之。"

- 孔子的治学思想还包括"温故而知新""举一反三"……

- 本篇精心撷取了《论语》中有关治学的经典选段，并附以通俗易懂、深入浅出的品读，以"万世师表"引领你的学习。

学而时习之，不亦说乎

[原文]……

子曰："学而时习之，不亦说乎？有朋自远方来，不亦乐乎？人不知而不愠，不亦君子乎？" _{选自《论语·学而》}

孔子说："学了又按一定的时间去实习它，不也很愉快吗？有志同道合的朋友从远方来了，不也很令人高兴吗？人家不了解我，我也不怨恨，不也是一个有道德的君子吗？"这段话讲的是孔子心目中的学习之乐。

[名师讲谈]……

这是《论语》开篇的第一章，宋代大儒朱熹对此评价极高，说孔子的这几句话"所记多务本之意，乃入道之门、积德之基、学者之先务也"。也就是说，把这三句话吃透了，才算摸到了打开《论语》这扇儒家思想大门的钥匙。下面，我们逐一进行分析解读。

第一句，"学而时习之，不亦说乎？"许多人认为这里的"习"是指复习，这就是误读了，错在用后代的词义来解释古书。我国古代教育的主要内容包括"六艺"，即礼（礼节）、乐（音乐）、射（射箭）、御（驾车）、书（文化）、数（算法）。孔子传授弟子的不外乎这些，只是更侧重于道德层面的教导。这么多课程不都是随时可以复习的，比如：射和御，要有好天气和好场地；乐，有时要和礼相和。所以，对那些实践性很强的课程要按一定的时间实习。所以，第一句应该这样理解，一个人能主动地学习老师传授的知识，本身就是一种快乐。

第二句，"有朋自远方来，不亦乐乎？"这里的"朋"，指同学。古人云："同师曰朋，同志为友。""朋"也可以变通地解释为志同道合的朋友。这句话是说，和来自五湖四海的同学一起研究学问，也是一种快乐。孔子的弟子来源十分广泛，各诸侯国都有，这句话确是历史的真实写照。

第三句，"人不知而不愠，不亦君子乎？"愠，指恼怒、怨恨。这句话是对师友以外的人说的。别人不了解你，甚至对你产生偏见和误解，你也不要生气，因为你来学习是为了成为一个君子，追求的是道德上的愉悦。看来，做孔子的弟子，是要有"抗击打"的能力的。儒学不被当世所重，孔子是很清楚的，所以要在这里给弟子们打好预防针。

总之，孔子认为，真正的学习之乐既是内心之乐，也是交流之乐，更是道德层面上的君子之乐。只有认识到这一点，我们才能理智地分辨并接受《论语》思想的精华。

[闲话人生] ……

会跳舞的小骆驼　　一次，小动物们聚会。小猴表演了一段舞蹈，大家都很喜欢。小骆驼见了，也跳起舞蹈来。可它的舞步太难看了，大家笑得前仰后合。小骆驼伤心地回到家，把事情告诉了妈妈。妈妈说："我们骆驼家族是不会跳舞的，你还是学点别的吧。"小骆驼却说："我就要学跳舞！"骆驼妈妈为难地说："可是，你找谁去学呢？"

小骆驼说:"可以找小猴。"于是,小骆驼去请小猴,可小猴却嫌小骆驼笨,不愿意当小骆驼的舞蹈老师。小骆驼想:"没有人教,我就自学,我一定要学会跳舞。"

小骆驼刻苦地自学跳舞,经过多年的磨炼,终于独创出一种舞蹈。小动物们看了,都惊讶地说:"小骆驼的舞跳得真棒,这真是骆驼家族的奇迹!"

小骆驼听了心里特别高兴,从此跳舞更起劲了。

[心灵捕手]……

学习是真正的快乐

小骆驼学跳舞的过程,就是一个学习的过程。这个过程充满了艰辛和痛苦,但是小骆驼坚持走自己的路,克服了各种困难,最终取得了成功。所以,小骆驼的学习更是一种快乐。

子曰:"学而时习之,不亦说乎?"孔子认为,学习是一件很快乐的事。人非"生而知之者",要靠广泛地学习掌握各种知识、技能,谋求生存。有的人体验不到学习的乐趣,有可能是心态问题,也有可能是方法问题。一个人如果对于学习抱有抵制的心态,那么无论怎样努力,即使取得一些成果,也不会从中获得快乐;如果学习的方法不对,被难题和挫折缠得脱不开身,那也是很难享受到学习的乐趣的。

学习是一种挑战,挑战你的领悟能力和耐力,只有迎击它,你才会领略其中之味,而你会在持久的学习过程中不断有所得,而这种所得最能带给人身心的愉悦。

学而不思则罔，思而不学则殆

[原文]……

子曰："学而不思则罔，思而不学则殆。" _{选自《论语·为政》}

孔子说："只是读书学习，而不思考问题，就会受蒙蔽；只是空想，而不读书学习，就会疑惑而无所得。"在这句话中，孔子提出了学与思相结合的观点。

[名师讲谈]……

要深入理解这句话，就要先弄清"罔"和"殆"这两个关键字的含义。罔，指蒙蔽、欺骗。殆，指疑惑。如果处理不好学与思的关系，就会出现这两种弊端。"学而不思"会产生"罔"，"思而不学"会产生"殆"。

孔子的话里有两个意思。前半句是说，如果一个人只一味读书而不思考，就只能被书本牵着鼻子走，使自己成为书本的奴隶，从而被书本表象所蒙蔽而不得正解。孟子说："尽信书，则不如无书。"道理同此。后半句是说，如果一个人只一味埋头苦思而不进行一定的知识积累与补充，就只能停留在空想层面，心中的疑团依然是"剪不断，理还乱"，问题仍然得不到根本解决。

孔子认为，要消除这两个弊端，就要把学与思有机结合。只有做到了学与思的有机结合，人们才能获取真知。

《论语》中曾多次强调学与思的紧密联系。例如，孔子说："吾尝终日不食,终夜不寝,以思,无益,不如学也。"(《论语·卫灵公》)又如,子夏说:"博学而笃志,切问而近思,仁在其中矣。"(《论语·子张》)

有趣的是,西方哲学家康德说过这样一句话:"感性无知性则盲,知性无感性则空。"这句话与孔子的"学而不思则罔,思而不学则殆"竟然具有惊人的一致性。可见,在不同的时空点上,人类获取知识的根本原则是相同的。

某些人不懂学思结合这个原则,以为读书就是求知,结果读了一辈子书,最终还是个糊涂虫。前人总结出一句很有意思的话:"读死书,死读书,书死读,死书读,书读死,读书死!"把握不好学与思的关系,对知识只能是食而不化,知识也只是从大脑中走了一个过场。只有把学与思相结合,才能使知识"活"起来,真正为我所用。

[闲话人生] ……

高斯巧算数学题 高斯是德国著名的数学家,被人们尊称为"数学王子"。幼年时,他在数学方面就显示出了非凡的才华。

9岁那年,高斯在一所公立小学读书。一次,老师让学生们把1到100这些数加起来求和。高斯第一个把写好结果的石板亮了出来。老师惊讶地发现,高斯居然得出了正确的答案——5050,石板上却没有具体的演算过程。

原来,高斯在脑子里已经对这道题进行了求和。他注意到,从1到100可分成首尾数之和均为101的50组数:$1+100=101$,$2+99=101$,…,$50+51=101$。这样一来,从1到100就等于50个101相加,从而得出答案5050。老师听高斯说出独特的算法后，赞叹不已。

$1+2+3+\cdots+100=?$

[心灵捕手]……

思维是地球上最美的花

在别人正把数字一个一个地简单相加的时候，高斯却在脑子里不自觉地使用了最小二乘法的原理，从而第一个交出了正确答案。这说明，高斯是个善于把学与思结合起来的学生。

思维是智慧的火花，在人们感受和认识事物的过程中不断思索、不断积累，才能对知识有更强的理解和认识，运用起来也就更灵活。正是由于高斯比一般的孩子想得更多、更深入，对知识的理解也就更深刻，所以往往能够不拘常法、另辟蹊径，快速而高效地解决问题。这种学习就是变通式的学习，是更高层次上的"活学"。

"学而不思则罔，思而不学则殆。"其实质就是倡导"活学"的。"工欲善其事，必先利其器。"能做到"先利其器"便是动了脑筋，找出解决问题的有力工具，而后再"善其事"，正所谓"磨刀不误砍柴工"。勤于思考，善于思考，会帮助你把握知识的精髓，帮助你找到解决问题的关键。

知之为知之，不知为不知

[原文]……

子曰："知之为知之，不知为不知，是知也。" 选自《论语·为政》

孔子说："知道就是知道，不知道就是不知道，这就是智慧。"孔子认为，对待知识要采取实事求是的态度。

[名师讲谈]……

先哲孔子教导弟子们，为学求知要态度老实，要实话实说，要实事求是。《论语·子路》中还有一句："君子于其所不知，盖阙如也。"这句话强调的是"不知为不知"，可作为选段中孔子原话的补充说明。

孔子要求弟子们为学求知要老实，其实他自己也是这样做的。《论语·述而》中记载"子不语怪、力、乱、神"，表明孔子对于鬼神之事从不随便谈论。孔子还说："未能事人，焉能事鬼？"（《论语·先进》）他认为，现实生活中的事我们尚且没有搞清楚，又谈什么鬼神之事呢？孔子对鬼神之事的态度是：付之阙如，避而不谈——既不肯定其有，也不肯定其无。在科学知识匮乏的古代，这既是一种实事求是的态度，也是一种真正的大智慧。

"知之为知之，不知为不知"是一种真正的智慧，可生活中有些人爱面子，凡事"不懂装懂"，强不知以为知，结果闹了笑话。

从前，一个北方人到南方做官。他刚到南方，肯定有许多事情弄不明白，如果虚心请教别人，也许并不难懂。但他可不想去问别人，以免显得自己太无知。他宁肯不懂装懂，结果惹出许多笑话来。有一次，这位先生应邀到一个乡绅家里做客。在主客谈话间，仆人送上一盘菱角。这位先生没吃过菱角，又不好意思问，可主人家一再请他先尝，无奈，他只好拿起一只菱角，放到嘴里嚼。主人见了，心里很诧异，问他："这菱角是要剥了皮才好吃的，你怎么整个丢到嘴里嚼呢？"这位先生明知自己弄错了，却一本正经地说："刚刚到南方来，有些水土不服，连壳都吃掉了，为的就是清热解火。"主人不解地摇摇头，说："我们怎么没听说过呢？你们那儿这东西很多吗？"这位先生答道："多得很呐！山前山后到处都有呢。"主人不禁哑然失笑。

其实，每个人都不是万事通，都有不懂的地方。对不懂的问题，如果你不懂装懂就会闹笑话；只有采取实事求是的态度，才是明智之举，也才能进一步获取真知。

[闲话人生]......

丁肇中的"不知道" 2006年，美籍华裔物理学家、诺贝尔奖获得者丁肇中在一次媒体见面会上语出惊人，一连说了好几个"不知道"。

一个记者问："作为学校和家长该怎样从小培养孩子解决与科学相关的问题的能力？"丁肇中答道："我没有资格回答这个问题，因为每个国家的教育、每个国家的传统都不一样。"另一个记者问："您认为中国青少年与美国青少年的科学素质有什么差别？"丁肇中说："您这个问题太大了，我不敢回答。"又有一个记者问："您认为前段时间上海发生的科技人员造假事件的动机和根源在哪里？"丁肇中说："对上海的事情我不知道，我没有办法回答。但一个科技工作者最重要的品质就是能和别人竞争，能站在别人的前面，还要诚实，因为你不诚实，迟早会被别人发现。"

丁肇中以严谨求实的态度和恳切的话语，在人们心目中留下了良好而深刻的公众形象。

[心灵捕手]……

"不知"是求知的阶梯

对于名人而言，做到"知之为知之，不知为不知"，尤其不易。丁肇中在公众面前多次勇敢地坦陈自己"不知道"，践行了这一主张。这位科学大师倡导实事求是的学习态度，着实令人敬佩。

相反，国内的一些名人很少说"不知道"。在公众面前，他们对于自己专业以外的问题也要侃个没完，"强不知以为知"。原因很简单，这是他们的虚荣心作怪，只是为了"对得起"名人的头衔。

用言语和行为掩饰自己无知的人，恰恰暴露了其"不老实"的心态。而能够坦陈自己无知的人，其心态才是老实、端正的。在求知的道路上，"不知"是阶梯，明白"知"与"不知"的界限，才能明白自己的不足，才有机会获得真正的知识，这既是老老实实做学问的基线，也是对一个人道德品质的基本要求。

知之者不如好之者，好之者不如乐之者

[原文]……

子曰："知之者不如好之者，好之者不如乐之者。" 选自《论语·雍也》

孔子说："懂得它的人不如爱好它的人，爱好它的人又不如以之为乐的人。"孔子认为，对待任何学问和事业最理想的心态就是以之为乐。

[名师讲谈]……

句中的"之"指代的到底是什么，《论语》中并没有记载。我们姑且将"之"当成学习某类知识，包括各种学问、技艺等。这样看来，孔子将学习分为三种不同的境界：知之、好之和乐之。

"知之"的学习层次最浅，即知道、了解某些知识的皮毛，并没有深入研究过，更没有身体力行。比如，很多人都"知道"锻炼身体很有好处，可是要他们天天早上起来坚持跑步，"夏练三伏，冬练三九"，估计很少有人能做到。

"好之"的学习层次比"知之"稍微深一层。"好"是喜欢，可见是对某些知识进行了一定接触并发生了兴趣。比如说，"喜好"看书这件事。很多人都这么认为，特别是在填写简历的时候，在"爱好"那一栏总要写上的。其实，大多数人读书就像陶渊明，"好读书，不求甚解"。他们虽然看完了某本书，但也只是停留在看过而已的表面，并没有从中得到教益。这就像某些人去某处名胜游玩，仅仅是去过，照了相，"到此一游"而已。你让他说出那处名胜的人文意义、风景妙处，恐怕他又说不出个子丑寅卯了。所以说，"好之"只是比"知之"深入，但还没有进入"乐之"的境界。

"乐之"的学习层次是最高的。孔子在这里说的"乐"，其实是一种忘我的投入，是乐在其中，陶醉其中。这就像《论语·述而》中孔子自述的那样："发愤忘食，乐以忘忧，不知老之将至云尔。"意思是：发愤起来就忘记了吃饭，高兴起来就忘掉了忧愁，甚至连自己快要老了也不知道。

从前面的分析来看，"知之"的学习层次好比皮肤，"好之"的学习层次好比皮下脂肪，"乐之"的学习层次好比骨髓神经。要想在某些领域大有作为，就非要有深入骨髓神经的"乐之"精神不可。比如，唐朝的陆羽醉心于写《茶经》而成了"茶痴"，白居易沉迷于写诗而成了"诗魔"。凡人眼中的成功人士都有些"神经质"，却不知唯其投入忘我，故其所学方能精进的道理。

[闲话人生]……

山巅一寺一壶酒 有一位教书先生，整天不务正业，喜欢到山上找庙里的和尚喝酒。每次临行前，他都给学生们留下唯一的作业——背诵圆周率。开始的时候，学生们都苦不堪言，因为背数字太枯燥了。

这一天，一位聪明的学生想出一个好方法。他把圆周率的内容与教书先生喝酒的事情联系起来，编了一段风趣的顺口溜：山巅一寺一壶酒（3.14159），尔乐苦杀吾（26535），把酒吃（897），酒杀尔

（932），杀不死（384），乐尔乐（626）……

等教书先生回来一检查，学生们个个背得滚瓜烂熟。

[心灵捕手]……

兴趣是最好的老师

兴趣是最好的老师。兴趣又从哪里来呢？答案是：只有走近学问，你才有可能对它产生兴趣。比如，下围棋这门学问，两个下围棋的人你一招我一式，枯坐四五个小时，满盘黑白驳杂，尚自胜负未分。外行人看得眼花缭乱，便当它是个很无聊的营生。不理解围棋的人离围棋永远那么远。下围棋的人却不这么看，他们认为围棋不单是一种争胜负的游戏，而是一种人与人之间无言的交流，这里既有思想的碰撞，也有思维的火花。爱上围棋的人，永远乐在其中，"此间乐"，"不足为外人道也"。

可见，要想学透一门学问，非要对它发生兴趣不可。只有发生了兴趣，你才能深入这门学问的内部，理解、掌握并发扬它。

敏而好学，不耻下问

[原文]……

子贡问曰："孔文子何以谓之'文'也？"子曰："敏而好学，不耻下问，是以谓之'文'也。" 选自《论语·公冶长》

子贡问道："孔文子凭什么得到一个'文'的谥号呢？"孔子说："他聪敏勤勉，爱好学问，而且不把向比他地位卑下的人请教当做可耻，所以给他'文'的谥号。"可见，孔子赞赏"敏而好学，不耻下问"的学习精神。

[名师讲谈]……

春秋时期，卫国大夫孔圉虚心好学，为人正直。死后，他得到了"文"的谥号，人们又称他孔文子。古代讲"文治武功"，"文"历来是个很高的评价，比如"周文王""汉文帝"。子贡不理解孔圉凭什么配得上这么高的荣誉，于是就去向老师孔子请教，这就是本故事的背景。

孔子告诉子贡，孔圉得到谥号"文"的原因有两点："敏而好学"和"不耻下问"。"敏而好学"，就是勤敏发愤地学习。"不耻下问"，就是不仅向老师、长辈求教，还向地位不如自己但有知识的人求教，而且不把这当成可耻的事。

关于"敏而好学"的例子，在《论语》中俯拾皆是，这里就不一一赘言了。这里重点解释一下"不耻下问"。

在古代社会，等级观念十分严格，地位高和地位低的人很少有来往。地位高的人能做到"不耻下问"是很不易的，因而孔子认为卫国大夫孔圉在这一点尤其可贵。

孔子赞赏孔圉"不耻下问"，其实他自己在治学中也是这样做的。孔子的"不耻下问"，大致有两种表现。一是孔子向地位比自己低的官吏学习。比如，"子入太庙，每事问"（《论语·八佾》）。太庙是鲁国祭祀周公的地方，周公是孔子推崇的政治偶像。孔子肯定要去太庙，但作为礼学大家，他也有不懂的地方。他向太庙的司礼官请教问题，既表明一种谦虚的态度，也是对知识的尊重。二是孔子向百姓学习。子曰："礼失求诸野。"上古的礼仪散失了，可以向民间访求，因为民间很广泛，也许某个地方还保存着上古礼仪的遗风。孔子自述，"吾少也贱，故多能鄙事"（《论语·子罕》）。孔子善于向百姓学习，与他的民间成长经历也是分不开的。

孔子提倡的"敏而好学，不耻下问"，在今天依然是指导我们获取知识的门径。

[闲话人生]……

人生与蜡烛　春秋时期，晋平公有一次对他的臣子师旷说："我已经70岁了，虽然很想求些学问，读些书，但总觉得时间太晚了！"师旷就说："时间太晚吗？为什么不把蜡烛点起来呢？"晋平公说："我和你说正经话，怎么你竟和我开起玩笑来了！"师旷说："我做臣子的，哪里敢和大王开玩笑。说实在的，一个人在少年时好学，他的前途正像早晨的太阳，辉煌而灿烂；壮年时好学，还像正午的太阳；

老年时呢,就只像蜡烛的火焰而已。蜡烛的火焰,虽然不见得怎样明亮,但是有了它,总比在黑暗中摸索要好些呢!"

[心灵捕手]……

不学不成,不问不知

　　谁都不是天生的"万事通",想要了解世事,学习是必经的过程。无论贵贱、长少,只要有求学的精神和行动,都是值得人赞同的。晋平公老年想求学,怕为时已晚,师旷便以烛火为喻,精妙地解答了晋平公的疑惑,赞同他求学。

　　不学不成,如果想要取得一些成绩,不求学是不成的。如果不点燃求学的"烛火",那么你只能在黑暗中摸索,见不到知识之光;如果你有求学的欲望和行动,无论"烛火"明或暗,所得都优于黑暗中摸索。

　　不问不知,学习的过程中会遇到无数未知的事物,不向他人问询是难以获取真知的。"好问的人,只做了5分钟的愚人;耻于发问的人,终身为愚人。"你我都不是愚人,所以需要好问的精神,在问中答疑解惑。"道之所存,师之所存也。"只要有道理有学识,人人可以作为我们求问的对象,"无贵无贱,无长无少",这样我们的学识才会更加广博。

学而不厌，诲人不倦

[原文]……

子曰："默而识之，学而不厌，诲人不倦，何有于我哉？" 选自《论语·述而》

孔子说："默默地记住所学的知识，努力学习而不觉得厌烦，教导别人而不知道疲倦，这些事情我做到了哪些呢？"这一句是夫子自道，表明孔子"学而不厌，诲人不倦"的精神，他把一生献给教育事业，不愧为"学为人师，行为世范"的千古师表。

[名师讲谈]……

在这一章，孔子站在为人师表的立场上，总结了自己的治学理念。应该怎样去做一个合格的老师呢？孔子认为，应该既当好学生，又当好老师。

当好学生，就是自己主动去学习。如今，我们倡导"终身学习"的理念。有人说，那是舶来品，是由"海归"（海外归国的学者）们带来的。殊不知，这是彻底的"国货"。2000多年前的孔子就说了，"学而不厌"。学习没有厌烦的时候，不就是"活到老，学到老"吗？不就是"终身学习"吗？

学生要学习，老师也要学习。老师终年面对着一本教材，要讲得让学生听明白、喜欢听，还要有新意，只有通过学习来办到。老师要不断学习,"默而识之",逐渐充实自己的知识储备,提高自己的业务能力,才能更好地教书育人,才能无愧于"为人师表"四个字。

当好老师,就是踏踏实实地教学。把自己获得的文化知识教给学生,这是老师责无旁贷的基本工作。孔子当然知道这一点,不过他认为仅仅做到这一点不够,还要加以"不倦"的精神贯彻终身才行。我们打开《论语》,在每篇中都可以发现,孔子针对弟子们的各种问题无不做了恳切的解答。即使对同一个问题(如"仁""礼"),孔子也不是以一个"标准答案"敷衍了事,而是针对提问者的理解接受能力因材施教,"知无不言,言无不尽"。史书记载,孔门弟子三千,其中贤者七十二人。孔子之所以取得如此辉煌的教学成就,与他的"诲人不倦"是分不开的。结合孔子的自述,我们可以判定,孔子不愧为我国教育界的模范民办教师——因为孔子是我国历史上办"私学"的第一人。

"学而不厌,诲人不倦",对中国教育思想的形成与发展产生了巨大影响,至今我们仍然认同并贯彻孔子的这一教育观点。

[闲话人生]……
苏格拉底开导学生 苏格拉底是古希腊著名的哲学家。一次,一个学生向苏格拉底请教,怎样才能拥有老师那样渊博的学识。苏格拉底什么也没说,拉着他走下河,然后把他的头按入水中。学生不知道老师要干什么,并没有反抗。又过了一会儿,这个学生见老师还不放手,便奋力挣扎。可是学生越用力,老师用的劲儿也越大。最后,这个学生使出全身的力气挣脱老师的手,跑到岸边,并且很生气地责问老师

为什么要这样做。苏格拉底微笑着说:"如果你求学的欲望像现在求生的欲望这么强烈,就可以了。"

[心灵捕手]……

以求生的欲望去求学

　　故事告诉我们这样一个道理:一个人的求学欲望只有像求生欲望一样强烈的时候,他才会爆发出无穷的力量,从而"学而不厌",不断地取得学习上的进步,乃至最终成为一个大学问家。

　　所谓"求学欲望",就是对学问的热爱与执著。大教育家孔子能够终身"学而不厌,诲人不倦",就是对学问始终抱着热爱与执著的态度。唯其如此,孔子不但成为影响中国数千年历史发展的儒学鼻祖,而且成为当今屈指可数的世界文化名人。如果我们也能以求生的欲望去求学,即使不能像孔子那样成为大家,但是一定会在学问上有所建树,人生的境界也会不同。

　　有一句话,叫"态度决定一切"。其实,何止是学问,一个人要做好任何一件事,都需要抱着热爱与执著的态度。

温故而知新

[原文]……

子曰:"温故而知新,可以为师矣。" 选自《论语·为政》

　　孔子说:"在温习旧知识的过程中,能够有新的体会和发现,就可以当老师了。"孔子认为,新知识是在旧知识的基础上继承和发展起来的。

[名师讲谈]……

　　"温故而知新,可以为师矣。"这句是孔子的名言,也是很有名的教育理论。

　　南宋大儒朱熹的解读长期以来被奉为经典。对这句话,他明确地分析道:"故者,旧所闻。新者,今所得。言学能时习旧闻,而每有新得,则所学在我,而其应不穷,故可以为人师。若夫记问之学,则无得于心,而所知有限,故《学记》讥其'不足以为人师',正与此意互相发也。"(《论语集注》)朱熹的大致意思是:通过温习、钻研旧的知识,从中阐发出新的所得,才有资格做别人的老师;而那些只知道死记硬背、"照葫芦画瓢"的人,所知必定有限,不配做别人的老师。

　　孔子教育弟子做学问要"温故而知新",他自己也是这样做的。例如,孔子倡导恢复周礼,也并非一味全盘复古。他提出的"克己复礼为仁"的观念,就已经和周礼有所不同。周礼中有大量的鬼神思想,孔子却"敬鬼神而远之",这也是对传统落后观念一定程度的改良，颇具积极的时代意义。

另外，孔子还把"温故而知新"的理念贯穿于整理古代文献的工作中。在晚年，孔子删修了鲁国史官所记的《春秋》，使之成为我国第一部编年体历史著作。这部书微言大义，被誉为可令"乱臣贼子惧"。虽说《春秋》的笔法隐晦简省，但其中记载的不同人物的一言一行，无不暗含着孔子的褒贬，足以警醒世人。能够达到这样直指人心的效果，足见孔子"知新"的程度。

人们的无数新知识、新学问都是在过去所学知识的基础上逐渐积累发展而来的。因此，"温故而知新"时至今日仍是一个值得推行的学习方法。例如，优秀的语文老师每次讲解同一篇课文，都会有不同的闪光点，学生听着耳目一新，也不会有老生常谈之感。这就是因为，优秀的语文老师能够"温故而知新"。我们学习《论语》也一样，只有"温故而知新"，为我所用，才能逐步陶冶我们的道德情操，提高我们知人论世的能力。

[闲话人生]……

客厅里的尸体　世界级管理大师约翰·科特，在他的著作《变革之心》中讲到一个小故事。当一个人买了一所大房子之后，房产经纪人一定会给这样一个忠告：一定要在6个月之内把它装修好，而不能给自己5年时间。"因为6个月之后，你就会习惯现在的状况，你会觉得一切都挺好。就算客厅里有一具尸体，你也会若无其事地跨过去。"

[心灵捕手]……

不要被"熟悉"欺骗

约翰·科特的这个故事原是说明：一个行动缓慢的组织，很可能在开始的时候解决一些问题，然后就停下来，安于现状了。所以，如果变革领导者不赶快行动，就会被组织的延宕所蒙蔽。

我们不妨借来说明"温故知新"的大道理。很多陌生的事物、巨大的变化其实就藏在我们身边，藏在每个再熟悉不过的角落，世界上不缺少风景，缺少的是发现风景的眼睛，就是这个意思。

如果故事中的场景我们每天经历，是不是触目惊心？但实际上，这样的情景可能每天都在身边发生。思维的惰性会让我们失去对事物变化的敏感。而孩子能从大人熟视无睹的地方发现美，并为之雀跃，是因为他们有可贵的好奇之心，不停地发问。

很多时候，我们生活的"无心人"，对鲜活的人生百态视若无睹，没有理性的穿透力，也就发现不了真的、精彩的生活。只有不断获取新知，并在"旧知"中挖掘，才能培养出敏锐的观察力和捕捉力。例如许多作家都善于把那些被常人忽视的事物放大，成就见微知著的名篇。

从现在开始，认真检视自己。在我们庞杂的知识库中，有多少是被榨干的？工作和生活中有多少这样"腐烂的尸体"在我们的脚下？

举一隅不以三隅反，则不复也

[原文] ……

子曰："不愤不启，不悱不发，举一隅不以三隅反，则不复也。"_{选自《论语·述而》}

孔子说："教导学生，不到他想弄明白而不可得的时候，就不去开导他；不到他想说出来却说不出来的时候，就不去启发他。教给他某一方面的东西，他却不能由此而推知其他三个方面的东西，那就不再教他了。"孔子倡导启发式的教学方法，期望学生做到举一反三，活学活用。

[名师讲谈] ……

这一章孔子谈的是教育方法问题，讲了两种教育方法。

第一句，"不愤不启，不悱不发"。愤，指苦思冥想而仍然不能领会的样子。悱，指想说出来又不能明确说出来的样子。"愤"和"悱"是学生渴求知识的两种状态：前一种是心里有话憋得难受，后一种是话到嘴边说不出来。孔子认为，这是教师最佳的教育时机，此时对学生进行启发诱导，就会达到最佳的教育效果。这就是一种"启发式"的教学思想。这种教学思想是符合教学基本规律的，在今天的教学中仍具有积极意义。比如：优秀老师在讲课时从来都不采取"填鸭法"，而是注重和学生们互动，鼓励学生提问题，调动学生的课堂积极性，用这种"启发式"教学法使学生"开窍"，从而使学生水到渠成地学到知识。

第二句，"举一隅不以三隅反，则不复也"。如果学生不能做到"举一反三"，老师就不必教第二遍了。猛一看，似乎孔子只给那些特别聪明的学生开小灶，其实不然。孔子的弟子中有聪明的，如颜渊、子贡，也有愚笨的，如樊迟。孔子对弟子们"有教无类"，有问必答，并不存在歧视。只不过，他更赞赏"闻一知十"（指颜回，见《论语·公冶长》）和"告诸往而知来者"（指子贡，见《论语·学而》）的学生，因为这样的学生才真正领悟了学问之道。

今天，我们学习科学文化知识时，也要注意"举一反三"。在学习课本知识时，一般地，对于常识类的知识只要"记住"就可以了；而对于原理、定理类的知识就应把知识"吃透"。一旦真正理解了理论方法，就能举一反三地学习其他相关知识，解决其他问题，这对提高我们的自学能力也是大有裨益的。

[闲话人生]……

你到哪里去 山上有两个寺院。每天早上，两个寺院分别派一个小和尚到山下的市场买菜。甲乙两个小和尚每天见面都要比试彼此的悟性。

一天，甲问乙："你到哪里去？""脚到哪里，我就到哪里。"乙回答。甲不知如何回答，马上找师父请教。师父说："你应该接着问：'如果没有脚，你到哪里去？'"第二天早上，他又问："你到哪里去？"不料，乙却这样回答："风往哪里去，我就往哪里去。"甲一时语塞，又败下阵来。这回师父告诉他："你可以反问他：'如果没有风，你到哪里去？'" 第三天，甲又问那个小和尚："你到哪里去？""我到市场去。"乙答道。甲又一次无言以对了。

甲的师父后来感叹道："要知道，举一反三的'悟'，才是真的'悟'啊！"

[心灵捕手]……

学习切忌"学舌"

甲和尚像一只学舌的鹦鹉，师父怎么教他就怎么说。这种学习方法就是俗话说的"一根筋"，根本达不到佛教中"悟"的境界。要真正做到"悟"，就要像甲和尚的师父说的那样"举一反三"。

"举一反三"的思想不但适用于佛理，同样也适用于我们的学习。

无论是书本上的知识还是老师传授的知识，都属于既有经验的总结，所以一切知识都是"死"的。对待"死知识"我们要"放出眼光，自己来拿"，对其转化和吸收，变成我们大脑里实实在在的知识储备。在应用的时候，我们也要考虑客观实际，变通处理，使"死知识"变成"活知识"，才能切实解决问题。否则，对一切知识"一根筋"地通吃，就会和暴饮暴食一样，早晚吃坏肚子。

三人行，必有我师焉

[原文] ……

子曰："三人行，必有我师焉。择其善者而从之，其不善者而改之。" <small>选自《论语·述而》</small>

孔子说："三个人在一起，其中必有某人在某方面是值得我学习的，那他就可当我的老师。我选取他的优点来学习，对他的缺点和不足，我会引以为戒，有则改之。这样，无论同行相处的人善与不善，都可以为师。"这两句是讲学习态度的，表现出孔子自觉修养、虚心好学的精神。

[名师讲谈] ……

这段话是讲学习态度的，表现出孔子自觉修养、虚心好学的精神。它包含了两个方面：一方面，"择其善者而从之"，见人之善就学，是虚心好学的精神；另一方面，"其不善者而改之"，见人之不善就引以为戒，反省自己，是自觉修养的精神。这样，无论同行相处的人善与不善，都可以作为自己的老师。

《论语·子张》中有一段记载，可以作为孔子好学求知的明证。卫国大夫公孙朝向子贡问道："孔子的学问是跟谁学的呢？"子贡回答："我的老师什么地方不可以学习文武之道呢？他又何必一定要有一个固定的老师呢？"子贡的意思是说：圣人无处不可以学习，无人不可以学习，只要合于"文武之道"就可以。

老子也说过与孔子类似的话："善人，不善人之师；不善人，善人之资。"意思是说：善人可以做不善人的老师，不善人可以做善人的借鉴。老子主张，不仅向好人学习，而且要向不好的人学习——当然不是要学坏，而是吸取教训，不使自己犯同样的错误，实际是起一种反面教员的作用。

孔子虚心好学的观点，在唐代文学家韩愈的散文名篇《师说》中得到了更大的阐扬。韩愈指出："吾师道也，夫庸知其年之先后生于吾乎？是故无贵无贱，无长无少，道之所存，师之所存也。"可见，真正好学的人随时准备向一切人学习。不论是高官还是小吏，不论是富人还是穷汉，也不论是老翁还是孩童，每一个人都有他的优点或长处，只要他们说的有道理，就应该拜他为老师、向他学习。一言以蔽之，道理在哪里，老师就在哪里。

[闲话人生]……

耳背的先生　有个人一直怀疑他太太听力有问题，决定好好考验一下她的听觉。有一天下班后，他轻手轻脚地走到太太背后10米的地方。

"太太，你听到我的声音了吗？"

他太太没有反应，他又走到5米远的地方。

"太太，你听到我的声音了吗？"

她依然没有答腔，他只好走到离她3米远的地方。

"你听到我的声音了吗？"

"听见了。"他太太说，"这已经是我第三次回答你了！"

[心灵捕手] ……

人们都喜欢谦虚的人

在我们的学习和日常生活中，经常会遇到一些好为人师的人。他们总喜欢指出别人这做得不合适了，那做得过分了，似乎他们什么都在行，对什么都可以说出个道理来。可是，这种自负恰好是他们自卑心理的曲折表现。他们之所以摆出一副"万事通"的面孔来，就是唯恐被同学和朋友轻视，他们炫耀的目的就是要提高自己的地位。

其实，很多人有自以为是的毛病，就像那个耳背的人。因为争强好胜是人的本性，处在成长阶段的学生由于心理发展尚未成熟，会表现得更加强烈，这种自我表现和炫耀往往会刺伤别人。如果你想要追求成功，谦虚会是你必要的特质，是使你在人际交往中受欢迎的有效方法。当我们自以为最聪明时，也正是愚昧的开始。一个人聪明，如果再用谦虚的美德来装饰，那就更值得敬佩了！

毋意，毋必，毋固，毋我

[原文]……

子绝四：毋意，毋必，毋固，毋我。 选自《论语·子罕》

孔子杜绝四种弊病：不无端猜疑，不绝对肯定，不固执己见，不唯我独尊。孔子认为，这四种弊病不利于成事，应该坚决避免。

[名师讲谈]……

"子绝四"是孔子发明的修心之道。其中的"意、必、固、我"，是常人最容易出现的四种极端心理。人只有避免这四种极端心理，代之以科学、客观的精神，才可以把事情做好。下面，对这四点逐一进行分析。

第一点是"毋意"。意，同"臆"，猜想、猜疑。"毋意"就是做事情不要主观臆断。对于一件事情，如果毫无根据，仅凭脑子一热，就说它是怎么回事，孔子是不会这样做的。做事情仅凭三分钟热情，怎么能把事情做好呢？另外，我们也不要误解孔子的意思，以为他反对猜想和想象。猜想和想象是很有用的：理论物理学家没有科学的猜想，就无法把理论搞下去；童话作家没有想象力，就写不出精彩动人的童话故事；普通人没有幻想，就会"生活过得没有滋味"……孔子反对的，是人不该沉迷于空想中而无所作为。

第二点是"毋必"。必，必定。"毋必"就是不把话说死，结论不要太绝对。孔子说过："君子之于天下也，无适也，无莫也，义之与比。"（《论语·里仁》）意思是：君子对于天下的事情，无可无不可，只要是符合正义的就行。也就是说，凡事都要采取一种灵活洒脱的态度，只要不违背大原则即可。孔子又说："焉知来者之不如今也？"（《论语·子罕》）唯物辩证法告诉我们，世界万物总是在不断变化发展的。过去被认为真理的，现在被推翻了；现在认为不可能的事，在未来可能就是司空见惯的事实。所以，孔子认为做事情最好要留有余地。

第三点是"毋固"。固，固执己见。"毋固"也就是不固执己见。孔子的意思是说，要真正尊重事情的客观规律，"天亦变，道亦变"，而不能固执于心，一条道走到黑。俗话说："智者千虑，必有一失；愚者千虑，必有一得。"自己一贯的想法未必就是对的，多听听别人的看法，也许会对自己的想法产生某种启发，对自己肯定有所帮助。

第四点是"毋我"。我，这里指自私之心。"毋我"就是不要总以自我为中心考虑事情。因为如果我们做事情过于主观，就会忽略甚至不考虑客观实际情况，当主观与客观不能一致时，就会遭到失败。孔子崇尚以一种"无我之境"对客观事物进行绝对理性的观照，追求绝对的真理。对一般人来讲，这实在是太难了，大概只有圣人才能做到吧。

通观"子绝四"的内容，乃是孔子修正人生心理航向的指南针。也许我们难以完全做到，但只要我们努力实践了，总能在一定程度上加强道德修养，提高判断能力，减少主观犯错的机会。

[闲话人生]……

撑竿跳高选手的心理障碍　一位著名的撑竿跳高选手一直苦于无法超越某个高度,便失望地对教练说:"我实在是跳不过去了。"

教练问他:"说一说,你心里到底是怎么想的?"

撑竿跳高选手说:"我一冲到跳线前看到那个高度,就觉得自己根本跳不过去。"

教练告诉他:"这好办。把你的心从竿上撑过去,你的身子就一定跟着过去了。"

撑竿跳高选手捡起竿又跳了一次,果然一跃而过。

[心灵捕手]……

学会超越自我

教练的话实在精辟,可谓一语道破天机。他知道,弟子失败的原因出在心理上,是"我不行"的心理在作祟。"把你的心从竿上撑过去",就是让弟子摆脱心理障碍,加强自信。结果,弟子克服了心理障碍,最终取得了成功。

孔子的名言"子绝四"中的"毋意"和"毋固",就是启示我们不要无端猜疑,要从旧有的思维禁锢中解放出来,从而真正地超越自我,迈向成功。

这种思想,其实和现代的心理学有相通之处。积极的心理暗示可以帮助被暗示者稳定情绪,树立自信心,增强战胜困难和挫折的勇气,最终取得成功。例如,推销员每天都要冲着镜子微笑,并不断对自己说:"我是最棒的!"这就是在运用积极的心理暗示。消极的心理暗示却会给被暗示者造成不良的影响,就像那个撑竿跳高选手总认为自己跳不过去一样。摆脱消极的心理暗示,需要加强自信心。一个人去除消极心理的过程,也就是忘却自我、超越自我的过程。人类正是在不断地发现自己的弱点、缺点,不断地战胜自我、超越自我的过程中,得以发展强大起来的。

我们学习"子绝四",也要领会其精髓,不但要摆脱不自信的心理阴影,还要全方位地克服不良心理作用的影响,跃过新高度。

未成一篑，止，吾止也

[原文]……

子曰："譬如为山，未成一篑，止，吾止也。譬如平地，虽覆一篑，进，吾往也。" 选自《论语·子罕》

孔子说："譬如用土堆山，只差一筐土就完成了，如果停下来，那是我自己要停下来的。譬如在平地上堆山，虽然只倒下一筐土，如果继续前进，那是我自己要坚持的啊。"孔子认为，事情的成败往往在于一个人是否能坚持到底。

[名师讲谈]……

在这段话中，孔子用了两个比喻句。一般地，比喻句要有本体、比喻词和喻体。可是，孔子原话的本体是什么，《论语》上并没有记载。但比喻词有，即"譬如"；喻体也有，即"为山"和"平地"两件事。那么，这两个比喻句说的是什么道理呢？

"为山"时，只差一筐土就完成时停下来，这是我要停的。"平地"时，虽然只倒下一筐土，我要坚持也能成功。前一句，从消极的角度讲：功亏一篑，在于我没坚持。后一句，从积极的角度讲：只要决定干一件事，就要把它干完。总之，为事进退在吾一心，道理就是：做事贵在坚持，坚持就能胜利。

这两句话既然没有本体，我们不妨适当发挥想象。应该说，"坚持就能胜利"可以用于很多方面，现以读书为例。你读完一本书，就增长了一本书的学问。你再读一本书，就又增长了一本书的学问。虽然说一个人的学问再怎么增长，也不可能掌握所有的知识，所谓"学无止境"嘛。可正是学无止境，激励我们不断迈着追求知识的步伐。我们在读书的过程中，增长了知识，启迪了心智，陶冶了情操，获得了精神上的充实和快乐，这就是胜利，这就是成功。

另外，孔子的话也非常适用于修养品德方面。人生在世，品德为上。两个人骂架，都指责对方"缺德"，常常争得面红耳赤，乃至拳脚相加。即使是品德差的人，也不愿意被别人指斥为缺少德行。《论语》一书，就是教我们如何做人，如何修养德行。也许，我们的德行永远也达不到圣人的高度。但是，我们也不能因此停下自我修行的脚步，纵然距离圣人的地位只有一步了，仍要赶上去，才算成功，不然只能功亏一篑。

[闲话人生] ……

三个挖井的人　　一个人在某地挖井。他挖了2米深，不见有水冒出来，就怀疑起来："可能这里没有水吧。"于是，他失望地走了。

不久，又来了一个人。他在第一个人挖井的地方接着挖，又挖了5米，不见有水冒出来，便叹了口气道："看来这里的确不会出水了，还是换个地方再挖吧！"他也失望地走了。

后来，第三个人来到这里。他只挖了几下子，清澈的泉水就从地下冒出来了。人们都说："你的运气真好啊！"他却平淡地回答："不是我运气好，只是别人没有坚持下来罢了！"

[心灵捕手]……

学贵有恒

有句俗话说:"八拜都拜了,就差这一哆嗦了。"这常用来比喻事情只差最后一步就做成了。故事中前两个放弃挖井的人,就属于这类做事缺乏恒心的人。

在学习中,也不乏这样的挖井人。他们一直在挖井(努力学习),因为总看不到水(成绩的提升),所以心情越来越郁闷。但是,谁又能保证下一铁锹就挖不出水呢?可他们就是这样,在希望与失望的夹缝中苦苦进行着思想斗争,一边挖井,一边抱怨,最终选择了放弃……

子曰:"譬如为山,未成一篑,止,吾止也。譬如平地,虽覆一篑,进,吾往也。"如果我们在"譬如"前加上"学习"二字,就会得出一个简单的真理:学贵有恒。成功者的最大奥秘在于持之以恒地在学海中前行。

当仁不让于师

[原文]……

子曰："当仁不让于师。"选自《论语·卫灵公》

孔子说："面对着仁德，就是老师，也不同他谦让。"仁德在孔子心中永远是第一位的，它比师道尊严更重要。

[名师讲谈]……

儒家特别强调师道尊严，"一日为师，终身为父"，学生不可违背老师的意愿。然而，这是在一般的情况下。而在行仁德的时候，就不必拘泥于此。

仔细分析孔子的原话，我们会发现两层意思。

这段话的表面意思是说：当学生的意见和老师的意见不一致时，如果老师的意见错了，违背了仁德的大原则，而学生是对的，这时学生就不可谦让和退缩，应该坚持自己的正确看法。古希腊哲学家亚里士多德有句名言："吾爱吾师，吾更爱真理。"话中说的，就是这个意思。推而广之，如果领导在工作中说错话了，违反了公司的规定，下属也应该适时指出；如果父母的话违背了做人的基本原则，做儿女的也可以反对……在真理与大义面前，一切等级观念和习惯看法都可以被打破。

这段话更深一层的意思是说：只要是行仁德的事，就要积极主动，挺身而上，而不要谦让他人。我们今天常说的成语"当仁不让",就是省去了孔子原话中"于师"两个字,说的就是这个意思。

很多人都习惯于唯上级马首是瞻,上面怎么说我就怎么做,上面不说我就不做,即使是自己该做的事也不去做。"当官的还没有表态呢,是不是再等一等?""应该等老师做出表率来,我再做才合适些,抢老师的风头多不好啊!"其实,这些想法都不该有。

另外,我们也要注意"当仁不让于师"反映了通权达变思想。《论语·子罕》记载有:"子绝四:毋意,毋必,毋固,毋我。"其中的"毋必"和"毋固",就是教人不必太拘于成见,不可抱残守缺。可见,通权达变是儒家思想的内核之一,这是我们在学习《论语》的过程中需要特别留心的。

[闲话人生]……

一场攀爬比赛　森林之神要举办一场攀爬比赛。小到蚂蚁、青蛙,大到狒狒、猩猩都报名参加了,比赛的终点是森林里那棵千年老树的树冠。动物们围着大树观看比赛,给它们加油。比赛开始了。

可是不久,观众开始议论纷纷。"老实说,这太难了!它们肯定到不了终点!"听到这些,选手们开始一个接一个地泄气,除了几个情绪高涨的还在往上爬。"它们绝不可能成功的,没有谁能爬上树顶!"于是,越来越多的选手退出了比赛。只剩下一只没有被看好的松鼠还在越爬越高,一点没有放弃的意思,在费尽周折之后,终于成为唯一到达树冠的胜利者。

所有的选手和观众都想知道它是怎么成功的。这时,森林之神笑呵呵地宣布:"这只松鼠是聋子!"

[心灵捕手] ……

积极是最可靠的人生态度

  这是一场有些滑稽的攀爬比赛，却揭示出了一个道理：记住你听到的鼓励话，它们是你保持积极向上的动力；而对那些悲观消极的言论要有过滤的能力。当有人告诉你梦想不可能成真时，你要变成"聋子"，充耳不闻！因为它们只会粉碎你心中最美好的梦想！

  还有一则现代寓言。两名大学生去一家公司应聘。三天试用期没有人吩咐他们做什么。甲在当天上午仔细观察，向老员工询问了工作的大致情形，下午便投入到工作中。而与甲同来的乙则在一天的时间里等待领导的安排。第二天，甲与同事合作完成了一份颇具创意的策划案。而乙依旧重复第一天的事，还私下问甲："我们到底要做什么？"到了第三天，甲向领导申请独立完成一份广告策划，在实践中积累工作经验。而乙还是茫然不知所措。但试用期已经结束了。

  在面对真理、梦想的时候，我们需要的就是这种良好的心态，而把"权威""经验""习惯"作为参考吧！重要的是一颗积极的、进取的心。"青春活泼的心，决不作悲哀的留滞。"

生而知之者，上也

[原文]……

孔子曰："生而知之者,上也；学而知之者,次也；困而学之,又其次也；困而不学,民斯为下矣。"选自《论语·季氏》

孔子说："生来就什么都知道的人，是上等人；经过学习才知道的人，是次一等的人；遇到困难再去学习的人，是又次一等的人；遇到困难还不学习的人，这种人就是最下等的人了。"孔子把人的智力分为四等，并主张"学而知之"。

[名师讲谈]……

在这里，孔子按智力水平把世上的人分为四类："生而知之者"——天生就懂知识的人，这是上等人；"学而知之者"——学习后有知识的人，这是二等人；"困而学之者"——遇到困难再学习的人，这是三等人；"困而不学者"——遇到困难也不学习的人，这是最下等人。

对于世界上有无"生而知之者"，历来是有争议的。孔子认为，世上有"生而知之者"。古希腊哲学家柏拉图主张"知识先验论"，和孔子的观点类似。他认为：人一生下来大脑中就具备了所有知识，所谓人的学习过程就是回忆大脑中已经具备了的知识的过程。唯物主义者却说：没有这种人。所谓"生而知之者"都是些无稽之谈，是别有用心者故意罩上的"神化"外衣，是为了适应政治、宗教、迷信等方面宣传的需要。我们不赞成"知识先验论"，但我们肯定：人的个体智力水平在先天上还是存在一定差异的。

"学而知之者"能够主动学习，自觉地"天天向上"，因而孔子是赞赏的。实际上，孔子也正是这样的人。在《论语》中，通篇都可以举出孔子好学求知的言论。比如，"学而时习之，不亦说乎？"（《论语·学而》）"温故而知新。"（《论语·为政》）孔子主张，只要发挥人的主观能动性，肯下工夫学习，不断提高自己各方面的能力，一样可以成为一个有知识、有能力的人才。古代有很多好学的典故，如凿壁偷光、囊萤映雪等，这些也都是激励我们主动学习的生动范例。

"困而学之者"，即被动学习的人。在孔子看来，这种遇到难题时再去学习的人要比自觉学习的人"次一等"，因为首先在学识上就不及自觉学习的人广博，所学也只是为了当前服务，缺少向学的持久热情，这就更有违孔子"学而不厌"的教诲了。

对于"困而不学者"，孔子是最看不起的了。这些"困而不学者"，没有觉悟，不求上进，得过且过，如顽石般不可开导。孔子给他们下了定评——"民斯为下矣"，简直可以当成"孺子不可教也"的同义语了。

时下，流行着一句十分经典的话："学习改变命运。"孔子用自己丰富的教学经验诠释了这个道理。孔子认为"生而知之者"是不可求的，他自己是经过不断学习之后才知道众多道理的。他希望人们都要主动地勤奋好学，不要等到遇到困难再去学习。无论何时，学习都是非常必要的。

[闲话人生]……

没有一种草不是花　深山里的一所学校准备组织学生搭车到百里外的县城去参加作文比赛。学生们表现得既兴奋又担忧，兴奋的是能够坐上大汽车去县城里看看，担忧的是深山里的孩子能赛过城里的学生吗？

头发花白的老校长看出了学生们的忧虑，他就说："你们常常上山下山，谁能说出一种不会开花的草？"

不会开花的草？蒲公英是会开花的，它的花朵金黄金黄的，秋天时结满了降落伞似的小毛球；狗尾草也是会开花的，它狗尾巴似的绿穗穗就是它的花朵；就连那些麦田里的荠荠草也是会开花的，它的花洁白洁白的，有米粒那么大，像早晨被太阳镀亮的一颗颗晶莹的露珠。学生们想来想去，把每一种草都想遍了，可是谁也没有想出有哪一种草是不会开花的。他们想了半天都摇摇头说："老师，没有一种草是不会开花的，所有的草都会开出自己的花朵。"

老校长笑了，说："是的，孩子们，每一种草都是一种花，栽在精美花盆里的花也是一种草，而生长在田地边和山野里的草也是一种花啊。不论生活在哪里，你们和其他人一样，都是一种草，也都是一种花。记住，没有一种草是不会开花的，再美的花也是一种草！"

[心灵捕手] ……

条条大路通罗马

　　每个生命都不能被轻视，都能演绎精彩人生。没有一种草不是花，"每一种草都是一种花，栽在精美花盆里的花都是一种草，而生长在田地边和山野里的草也是一种花啊。不论生活在哪里，你们和其他人一样，都是一种才，也都是一种花。"老校长的一席话令学生们重拾自信，乐观地面对作文比赛，相信也会乐观地创造人生。

　　世界上有天才，有愚人，更多的是普通人。天才可以凭借天分和机遇，比普通人更容易取得成就；愚人和普通人可以经过后天的勤奋和努力，去获取成功，所谓"勤能补拙"。但是如果放弃努力，即使具有天才，也会被时光消磨光，"方仲永"便是人人皆知的"榜样"，何况普通人呢？如果你想成功，不论天资优劣、际遇如何，只要你肯努力，也会通往成功。正所谓"条条大路通罗马"，但是，如果你不把努力化做脚步前行，也到不了你的"罗马"。

仕而优则学，学而优则仕

[原文]……

子夏曰："仕而优则学，学而优则仕。" _{选自《论语·子张》}

子夏说："做官后还有余力的人就可以去学习，学习后还有余力的人就可以去做官。"子夏认为，做官和做学问并不矛盾，二者是相辅相成的关系。

[名师讲谈]……

本章谈到了"学"与"仕"的关系问题。"学"，是读书学习。"仕"，是从政做官。子夏认为，"学"与"仕"是可以相互促进的。

对子夏这句话，后半句被人谈及的特别多，并把"优"附会为"优秀"之意，已经成为极富功利性的科举口号，影响了中国历史两千年之久。"十年寒窗无人问，一举成名天下知"，简直可以作为"学而优则仕"的最好注脚。其实，这是一种严重的误读，子夏话中的"优"原本是"优裕、有余暇"的意思。另外，对子夏说的前半句"仕而优则学"，提及的人就很少了。大概是不少读书人当了官，身份跟以往俨然不同，于是忘了本吧。其实，这前半句正可以告诫当官的，闲暇时不要沉溺于声色犬马，不要热衷于迎来送往，而应该"讲学习"——学习如何执政为民，学习如何为人民服务。

联系现实，我们不妨把"学"与"仕"的关系看成"学"与"用"的关系。以孔子为例，他虽然满腹经纶，但仍旧"学而不厌",倡导终身学习。这种学习一方面是为了提升自身的修养,一方面也有助于他教育学生,著书立人。再以宋太宗为例,他执政后下令编纂古籍《太平编览》(后改名为《太平御览》)。书编成后,宋太宗规定自己每天看三卷,要在一年后全部看完。宋太宗每天政务繁忙,还要抽出时间看书,实属不易。侍臣们劝宋太宗注意休息,不要过于劳累。宋太宗说:"只要翻开书卷阅读,就会有收益,所以我不觉得疲劳。"他看了此书,处理起政务来也更加得心应手。"开卷有益"一成语便由此故事而来,后来成为鼓励人读书的妙语。由此可见,读书学习必定是对实际生活有用处的,不论你是从政、治学,还是日常生活所需。千万不要等到"书到用时方恨少",有闲暇请多读读书吧。

[闲话人生]……

闹笑话的县官 从前,有个县官不大识字。一天,他坐堂审案,师爷递上来一张状子,上面有三个人的名字:原告叫郁工来,被告叫齐卞丢,证人叫新釜。

县官看了原告"郁工来"的名字,便喊道:"都上来!"三个人听了,急忙跑到堂上。县官生气地说:"我喊的是原告,你们为什么一齐来了?"接着,他看到被告"齐卞丢"的名字,又喊道:"齐下去!"三个人听了,又急忙退到堂下。县官更恼火了,说道:"我喊的是被告,你们为什么一齐下去了?"师爷见状,便打圆场道:"原告的名字另有一种念法,叫郁工来,不叫'都上来';被告的名字也另有念法,叫齐卞丢,不叫'齐下去'。"县官问道:"那个证人的名字，另一种念法叫什么？"师爷答道："新釜。"县官笑了："我估计他是另有一种念法的，要不我就要喊他'亲爹'了。"

[**心灵捕手**]……

腹有诗书气自华

　　一个县官连原告、被告和证人的名字都认不清，还怎么去断案呢？这真是个糊涂官。这个笑话明显带着政治讽刺意味，批判和讽刺的是旧时代的糊涂政治。

　　不过，我们还可以从中得到另外一个更广泛的启示：一个人的文化修养对他说话办事的能力影响很大。

　　有句话叫："腹有诗书气自华。"读书学习对一个人的道德素质和思想意识有重大影响，甚至可以说："读书可以改变一个人的气质。"

　　三国时期，吴国大将吕蒙由于不识字，每次向吴主孙权汇报军情都亲自口述。一次，孙权对吕蒙说："你现在担任要职，不可以不学习啊！"吕蒙听了孙权的话，便努力钻研兵法和史书，最终成为一个文武全才。孙权认识到吕蒙的巨大变化，便让他当了吴国的大都督。以前那些轻视吕蒙没文化的人，对他也刮目相看了。

　　看，正是文化的魅力，把一个莽汉塑造成了历史名流。

图书在版编目（CIP）数据

《论语》中的大智慧／龚勋主编． —汕头：汕头大学出版社，2012.1（2021.6重印）
ISBN 978-7-5658-0532-5

Ⅰ．①论… Ⅱ．①龚… Ⅲ．①儒家②论语－青年读物③论语－少年读物 Ⅳ．①B222.2-49

中国版本图书馆CIP数据核字（2012）第008817号

《论语》中的大智慧
LUNYU ZHONG DE DA ZHIHUI

总策划	邢 涛	印 刷	唐山楠萍印务有限公司
主 编	龚 勋	开 本	705mm×960mm 1/16
责任编辑	胡开祥	印 张	10
责任技编	黄东生	字 数	150千字
出版发行	汕头大学出版社	版 次	2012年1月第1版
	广东省汕头市大学路243号	印 次	2021年6月第7次印刷
	汕头大学校园内	定 价	34.00元
邮政编码	515063	书 号	ISBN 978-7-5658-0532-5
电 话	0754-82904613		

●版权所有，翻版必究 如发现印装质量问题，请与承印厂联系退换